Sabine Mühlisch

Mit dem Körper sprechen

Sabine Mühlisch

MIT DEM KÖRPER SPRECHEN

GABLER

Die Deutsche Bibliothek – CIP-Einheitsaufnahme

Mühlisch, Sabine:
Mit dem Körper sprechen : die Botschaften der Körpersprache
wahrnehmen, deuten und einsetzen / Sabine Mühlisch. – Wiesbaden :
Gabler, 1997
   ISBN 3-409-19572-6

1. Auflage 1997
1. korr. Nachdruck Januar 2000
2. Nachdruck September 2000

Lektorat: Manuela Eckstein

Der Gabler Verlag ist ein Unternehmen der Fachverlagsgruppe BertelsmannSpringer.

www.gabler.de

Höchste inhaltliche und technische Qualität unserer Produkte ist unser Ziel. Bei der
Produktion und Verbreitung unserer Bücher wollen wir die Umwelt schonen. Dieses
Buch ist auf säurefreiem und chlorfrei gebleichtem Papier gedruckt. Die Einschweißfolie
besteht aus Polyäthylen und damit aus organischen Grundstoffen, die weder bei der
Herstellung noch bei der Verbrennung Schadstoffe freisetzen.

Die Wiedergabe von Gebrauchsnamen, Handelsnamen, Warenbezeichnungen usw. in
diesem Werk berechtigt auch ohne besondere Kennzeichnung nicht zu der Annahme,
daß solche Namen im Sinne der Warenzeichen- und Markenschutz-Gesetzgebung als
frei zu betrachten wären und daher von jedermann benutzt werden dürften.

Umschlaggestaltung: Schrimpf und Partner, Wiesbaden
Satz: ITS Text und Satz GmbH, Herford
Druck und buchbinderische Verarbeitung: Wilhelm & Adam, Heusenstamm
Printed in Germany

ISBN 3-409-19572-6

Inhalt

Vorwort

„Körpersprache ist ... wenn man die Arme vor dem Bauch verschränkt und sich damit zumacht." Nein! Diese oft zitierte Interpretation ist nicht nur äußerst vereinfacht, sondern auch in ihrer Auswirkung gefährlich. Das Verschränken der Arme kann nämlich, je nach augenblicklicher Situation, in Zusammenhang mit anderen Körperpositionen gedeutet werden, in der Übersetzung von „ich höre gerne zu" bis „jetzt ist genug geredet, jetzt möchte ich reden oder gar nichts mehr hören". Mit dieser Art Simplifizierung und den daraus resultierenden Mißverständnissen möchte dieses Buch aufräumen. Es ist ein Arbeitsbuch, in dem Sie aufgefordert werden, selber zu denken und Ihre Übersetzung immer wieder in die jeweilige Situation zu übertragen.

Dieses Buch ist nicht bequem und will es auch nicht sein. Angaben wie „wenn ... dann" finden Sie hier nur bedingt, denn sie werden den Menschen und ihrem vielfältigen Verhalten nicht gerecht, sondern tragen vielfach dazu bei, daß immer wieder neue Klischees und Dogmen zur Kategorisierung verwendet werden.

Der erste Teil dieses Buches liefert die theoretischen Voraussetzungen und Ansätze zur Deutung von Körpersprache. Ich empfehle Ihnen, diesen Teil besonders genau zu studieren, bevor Sie mit dem zweiten Teil beginnen. Hier werden die wichtigen Grundlagen erarbeitet, mit Hilfe derer die Deutungen der jeweiligen Körperbereiche erfolgen. Im zweiten Teil wird das Ausdrucksverhalten der verschiedenen Körperbereiche näher betrachtet und gedeutet. Einige Praxisbeispiele sollen im dritten Teil die Anwendung exemplarisch veranschaulichen.

Primäre Absicht ist es jedoch, Ihnen eine neue Sichtweise der körperlichen Ausdrucksweisen zu vermitteln, um Rückschlüsse auf die seelisch-geistige Ebene zu ermöglichen.

Dieses Buch ist bewußt nicht wissenschaftlich, denn es soll die Augen öffnen für das intuitive Wissen, das bereits in jedem Körper versteckt ist. Es wurde geschrieben, um sich selbst und andere wohlwollender betrachten zu können und zu erkennen, was hinter Aussagen steckt. Ich möchte damit einen Beitrag zur klareren Kommunikation der Menschen untereinander anbieten und hoffe, daß Sie ein Hilfsmittel zur Selbst-Erkenntnis und zum besserem Verständnis Ihres Gegenübers erhalten.

Köln, im August 1997   SABINE MÜLISCH

I. Voraussetzungen für das Verständnis von körpersprachlichen Signalen

1. Ganzheitliches Denken

Um Kommunikation faßbar und klarer zu machen, sind viele Systeme erdacht, gelehrt und auch wieder verworfen worden. Das primäre und damit einfachste System, welches uns sogar mit in die Wiege gelegt worden ist, nämlich unsere Ur-Muttersprache Körper, ist damit in Vergessenheit geraten. Dabei hätten wir kaum eine Überlebenschance, wenn wir uns nicht sofort nach unserer Geburt durch Stimmlaute, Mimik, durch bestimmte Gestik und Bewegungen verständlich machen würden. Denn der Körper drückt Informationen einer momentanen, inneren Gefühlssituation aus, wie etwa beim Säugling: „Ich habe Hunger!"

Der Körper tut nichts aus sich selbst heraus. Der Körper eines Menschen bezieht seine Aktionen aus den nichtstofflichen Bereichen, die wir Bewußtsein oder auch Seele nennen, und dem Leben, auch als Geist bezeichnet. Aus dem Bewußtsein stammen die Informationen, die sich im Körper manifestieren und damit sichtbar werden. Das Bewußtsein ist einem Sender, der Körper dem Empfänger vergleichbar. Was in oder durch einen Körper geschieht, ist daher immer Ausdruck einer Information von Seele und Geist.

Verhaltensänderungen, Bewegungen, Spannungen oder Entspannungen finden immer zunächst auf der Ebene der Seele und/oder des Bewußtseins statt, und sie finden auf der körperlichen Ebene lediglich ihre Verwirklichung. So wird die physische *Wirklichkeit* geschaffen. Der Körper ist die Bühne für die Bilder des Bewußtseins.

Jegliche Abweichung aus einer harmonischen, ausgeglichenen Körperhaltung oder -bewegung ist daher eine Abweichung oder Störung der seelischen Ordnung. Das entstehende innere Ungleichgewicht *drückt* sich durch den Körper durch entsprechende *Äußerungen* aus. Diese *äußeren* Signale geben uns den Hinweis, daß die Seele des Menschen einen bestimmten Mangel leidet.

Um von diesem Ansatz her die Körpersprache zu deuten, helfen uns die bildhafte Sprache und ein gutes Ohr für die Hintergründe und Doppeldeutigkeit von einzelnen Wörtern. (Besonders auffällige Wörter sind deshalb zur Verdeutlichung *kursiv* gedruckt). Die verbale Sprache ist in der Evolution der Menschheit eine der letzten Errungenschaften. Auch an der Entwicklung des Menschen vom Säugling zum Erwachsenen können wir dies erkennen: Zuerst bestimmt die körperliche Sprache über Leben oder Sterben, dann erst kommt die verbale Sprache, langsam und mühsam erarbeitet, hinzu.

Sprache beschreibt Körpersprache. Sie kennt die Zusammenhänge zwischen Körper und Seele/Geist. Wenn wir hinter dem physischen Körper den Ausdruck eines geistig-seelischen Prinzips erkennen, können wir mit Hilfe der Sprache beschreiben, was wir an körperlichen Ausdrücken vorfinden. Was wir dann mit Worten aussagen können, bezieht sich inhaltlich auf das Körperliche wie auch auf den dahinterstehenden seelisch-geistigen Ausdruck. Diese direkte Sprache haben wir im Laufe unserer Entwicklung zu deuten verlernt. Wir müssen nur wieder hinhören und verstehen lernen.

Der Körper und seine (Seelen-) Sprache sind so eindrucksvoll ehrlich – manchmal mehr, als wir es uns wünschen! Die Wahrheit über unser teils unterdrücktes, geheimgehaltenes oder geschütztes Inneres wird gnadenlos durch den Körper sichtbar gemacht. Kein Wunder vielleicht, daß wir uns so weit von diesem Wissen entfernt haben; ungeschminkte Wahrheit kann weh tun und ist nicht immer erwünscht. Doch auch wenn wir geübt sind, nur der sogenannten rationalen Wirklichkeit und der Verläßlichkeit der gesprochenen Worte zu vertrauen: Wir können nicht immer weg-sehen, weg-hören und nicht-verstehen! Jeden Morgen, beim Blick in den Spiegel, begegnen wir uns doch selbst, und unser Körper spricht über unser Seelenleben eine deutliche Sprache. Hilft es da, den Spiegel immer kleiner werden zu lassen oder nur noch für „technische" Belange hineinzusehen?

Je bewußter wir die körperlichen Signale betrachten und deren seelisch-geistige Botschaften verstehen, desto eher sind wir in der Lage, uns selbst zu erkennen, wahrheitsgemäß darüber zu kommunizieren und dies auch beim Gesprächspartner zu tun. Solange wir das Außen „nur" als mechanisches Geschehen betrachten und keine Beziehung zum Inneren herstellen, werden unsere Kommunikationsversuche oberflächlich, verschleiernd und mißachtend sein. Erst in der einheitlichen Verbindung von Körper, Geist und Seele können wir das Prinzip begreifen: wie innen, so außen.

2. Deutung und Wertung

Wer Körpersprache deuten will, muß sich zunächst ein paar Gedanken zur Unterscheidung von Deutung, Wertung und Interpretation machen.

Eine Wertung bezieht sich immer auf ein subjektiv nachvollziehbares Wertungssystem. Und dies ist je nach Mensch, Einzelerfahrung und Lebenssituation ein anderes. Was zum Beispiel ist für Sie warm, und was ist kalt? Minus 5 Grad sind für einen Eskimo als warm zu bezeichnen, während bei diesen Temperaturen einem Bewohner am Äquator das große Zittern kommt. Ebenso verhält es sich mit Gut und Schlecht. Für eine Deutung der Körpersprache ist ein solch subjektives Wertungssystem unbrauchbar. Deutung soll die Zusammenhänge erklären, ohne sie zu werten. Deutung setzt sich demnach über die auf der Wertungsskala möglichen Pole Plus und Minus hinweg. Sie vermittelt eine *Einsicht* der zu beschreibenden Wirkungen im ganzheitlichen Rahmen.

Meist sind wir uns unserer Bewertungssysteme, die aus alten Erfahrungen entstanden sind, nicht mehr bewußt. Erleben wir dann andere Menschen, so bewerten wir sofort nach unseren Systemen und übertragen diese auf sie. Mißverständnisse und Mißachtungen sind dadurch vorprogrammiert!

Nur mit Bewußtheit und echter Wahrnehmung können wir eine zuverlässige Deutung körpersprachlichen Verhaltens erreichen. Wir betrachten den Körper wie ein Bild. Dann beschreiben wir mit Hilfe unserer Sprache, was wir sehen. Jegliche Wertung und Interpretation wird vermieden. Allein die verwendeten Worte geben uns den Hinweis auf die dahinterliegenden seelisch-geistigen Bezugsebenen. Es gibt somit kein Richtig oder Falsch; es gibt nur ein „Es ist"!

In Verhalten ausgedrückt heißt dies, uns selbst und den anderen respektieren. Wir alle sehnen uns nach diesem Respekt, ohne Bewertung nach Gut oder Schlecht. Wer mit dem Finger auf die deutlich gewordene „Schattenseite" eines Menschen zeigt, hat das Prinzip nicht verstanden.

Denn kein Mensch ist im absoluten Gleichgewicht, jeder hat seine Unstimmigkeiten, die es zu er*kennen* und zu er*lösen* gilt. Diese Lösung sollte auf der geistigen Ebene stattfinden. Wo dies nicht gelingt, wird das Thema verdrängt und zu einem seelischen Spannungszustand, den wir als Gefühl wahrnehmen können. Wird dieses Gefühl nicht angemessen ausgedrückt, kommt das Bearbeitungsthema auf der körperlichen Ebene zum Vor*schein*. Die Chance auf echte Kommunikation, nach innen und außen, besteht darin, die körperlichen Ausdrucksformen wahrzunehmen, sie zu respektieren und zu beschreiben. Dadurch steht das Thema wieder auf der geistigen Bearbeitungsebene zur Verfügung. In diesem Moment kann sich der Körper als Ersatzausdrucksbereich entspannen. Der unbewußte Konflikt wird bewußt und kann dadurch gelöst werden.

Jede körperliche Äußerung ist, was sie ist: ein Ausdruck seelischen (Un-) Gleichgewichts und ein Hinweis auf Anerkennung: des Betroffenen selbst oder eines Gesprächspartners, der als Spiegel seine Arbeit tun kann und wird.

Körpersprache kann nicht bewerten; dies kann nur durch Beobachter geschehen und ist immer subjektiv abhängig von Bewertungssystemen. Körpersprache beschreibt auf der sichtbaren Ebene, was nicht sichtbar *bewegt*. Sie übersetzt die dahinterstehenden Ebenen.

Vor der Interpretation von Körpersprache sei damit auch gewarnt. Jeder Interpret eines Musiktitels findet seine eigene, subjektive Auslegung, wird damit aber nur bedingt dem Ausgangsprodukt gerecht – dem einen gefällt, was er da hört, dem anderen nicht. Es geht aber nicht ums Gefallen, sondern um *Wahr*nehmung – und in diesem Wort steckt das Wort *wahr*.

Die wirkliche Chance in der Deutung von Körpersprache liegt weniger in der Betrachtung anderer, sondern in der eigenen. Leider neigen wir zu Projektionen, das heißt, Unangenehmes oder Schwieriges wird nach außen, auf andere Menschen und deren Verhalten verlagert. Und von dort kommt es dann auch wieder auf uns zurück. Wer also ein bestimmtes Verhalten eines anderen Menschen als bekämpfenswert oder hinderlich empfindet, kämpft nicht zuletzt mit der eigenen Thematik – wie außen, so innen. So wird ein jedes Gegenüber zu einer wahren Herausforderung, an unserem eigenen Schatten zu arbeiten, und das heißt Selbsterkenntnis. Das Selbst ist die Summe aus dem Ich (Bewußtsein) und dem Schatten, jenen nicht bewußten Themen, die in die körperliche Ebene abgesunken sind. Unser Körper mit seiner unmißverständlichen Sprache hilft uns dabei auf Schritt und Tritt, diesem Schatten nach- und die Themen anzu*gehen*. Somit stellt die Körpersprache mit ihren Deutungen immer eine Möglichkeit dar, sich selbst und damit andere besser kennenzulernen, daran zu wachsen und wieder heiler, ganzheitlich zu werden. Ohne Wertungen lassen sich die Wegweiser, die uns der Körper aufstellt, leichter lesen, und wir können ihnen besser folgen.

3. Außen und Innen: Körper und Seele/Geist

Um Körpersprache richtig zu verstehen und einzuordnen, müssen wir dem mechanistischen, linearen Weltbild von Ursache und Wirkung noch eine weitere Sichtweise hinzufügen. Die Zusammenhänge von Körper, Seele und Geist sind analog und synchron. Wir können auch sagen: Das eine spielt sich im Inneren ab, das andere im Äußeren. Das Zusammenspiel von Innen und Außen ist jedoch analog und nicht linear.

Der Körper ist die Form, das Außen, während die Seele/der Geist den Inhalt, das Innen, ausmacht. In der Form (Körper) manifestiert sich die dahinterstehende seelisch-geistige Idee. Somit ist kein Körper und dessen Bewegung Zufall im gebräuchlichen Sinne, sondern immer ein Resultat seiner seelisch-geistig wirkenden Kräfte. Ein Gedanke, der mit viel Kraft ausgesendet wird, schafft ein entsprechendes Gefühl. Denken Sie zum Beispiel 20mal hintereinander: „Ich bin klein und unwichtig." Das zugehörige Gefühl von Minderwertigkeit beschleicht Sie schon nach kurzer Zeit, und bei ständiger Wiederholung wird es immer stärker. Der Körper drückt dieses Gefühl nun seinerseits durch hängende Schultern, gesenkten Kopf und runden Rücken aus. Der Gedanke ist Wirklichkeit geworden, und als Rückschluß für Ihre Gedanken heißt es: Ich bin *tatsächlich* minderwertig, und ich werde passiv. Der Gedanke hat sich durch den Körper verwirklicht und wirkt sich auf das Handeln aus. Deshalb sind Rückschlüsse vom sichtbaren, erfahrbaren Äußeren auf das nicht sichtbare Innere zulässig und sinnvoll.

Normalerweise neigen wir dazu, Erscheinungen des Körpers nur auf der meist materiellen Kausalebene zu erklären: Wir verändern jetzt unsere Sitzposition, weil der Stuhl unbequem ist. Welche Unlogik darin steckt, fällt uns schon gar nicht mehr auf. Wieso kann ein Stuhl beispielsweise 20 Minuten lang bequem gewesen sein und anschließend nicht mehr? Entweder ist der Stuhl bereits beim Hinsetzen nicht geeignet und daher unbequem, oder es muß eine andere Erklärung geben. Aus dem körperlich-seelischen Bezugsystem ergibt sich die Fragestellung: Welche geistige Situation ist jetzt unbequem geworden? Statt sie auf dieser Ebene wieder bequem zu machen, indem beispielsweise eine entsprechende verbale Äußerung erfolgt, lassen wir unsere Wahrnehmung nach außen auf die körperliche Ebene gleiten und machen lieber den Stuhl für unsere Lage verantwortlich.

Unser einseitiges, vereinfachtes Denken und die fehlende Unterscheidung und richtige Zuordnung von Form und Inhalt sind sehr bequem. Können wir doch immer wieder äußeres Geschehen, Gegenstände und noch besser andere Personen verantwortlich für unsere Be*schwerden* machen. Aber so machen wir uns das Leben und unsere Kommunikation *schwer* – denn die Ver*antwort*ung kommt früher oder später doch auf uns zurück!

Verantwortung heißt dabei, die richtige Antwort zu geben und sich nicht vor ihr zu drücken. Ansonsten *drückt* es dann wieder im Körper, und der ist ja inzwischen recht leidensfähig geworden.

Unser Körper stellt unser gesamtes seelisch-geistiges Potential dar, ebenso die verzweifelten, oft lebenslangen Versuche der Unterdrückung unliebsamer Themen, was viel Energie, also Lebenskraft, kostet, die wir sinnvoller einsetzen könnten. Wenn wir die Informationen, die uns unser Körper über uns selbst ständig vor Augen führt, nutzen, können wir unsere Energie sinnvoll einsetzen.

Weder Anatomie noch Physiognomie oder körpersprachliche Ausdrucksform entsteht ohne eine entsprechende seelisch-geistige Idee. Jeder von uns hat diese Ideen oder Bilder, ob nun bewußt oder unbewußt. Spätestens im Ausdruck der Form (Körper) lassen sich diese ablesen.

Wenn uns die Form nicht gefällt, dann sollten wir nicht die Bühne wechseln, sondern besser den Inhalt umschreiben, der dann aufgeführt wird. Leider hat sich in unserer heutigen Welt ersteres Vorgehen weit verbreitet – ein Trugschluß des Entrinnens. Der Körper spricht auch von diesen Versuchen (sprachlich liegt hier die *Versuchung* nahe!) und bleibt unser ehrlichster Begleiter ein Leben lang.

In jedem körperlichen Ausdruck und dem daraus resultierenden Kommunikationsverhalten sind funktionale Ursachen zu finden, aber auch immer eine Sinnursache auf seelischer Ebene mit dem Ziel der geistigen Bewußtmachung. Durch das Erkennen dieser beiden Faktoren wird uns der Inhalt mittels der Form bekannt. Dadurch kann es gelingen, das ganze Muster, das in das gesamte Geschehen paßt, auszumachen. Wie beim Stricken sollte die Herstellungstechnik bekannt sein, die ein bestimmtes Muster erzeugen kann. Gefällt das Muster nicht, sollte man nicht die Wolle verantwortlich machen.

4. Die Methode des Übersetzens: Analogie und Ursache

Das analoge Weltbild und Denken längst vergangener Jahrhunderte wurde in der sogenannten neuzeitlichen Welt durch das analytische, mechanistische abgelöst. Für den Menschen der westlichen Hemisphäre liegen alle Ursachen im sichtbaren Äußeren. Beziehungen werden durch analytische Denkschritte in Form von Ursache und Wirkung hergestellt. Aber heute liefert uns gerade die moderne Physik in der Quantentheorie und Chaosforschung eben wieder den alten Ansatz ins Haus: Anstelle der Kausalität „entdeckte" sie die Symmetrie. Das kausale Hintereinander und die damit verbundene Analysetechnik werden ergänzt und auch ersetzt durch synchrones Nebeneinander, ausgedrückt als Symbole. Das Wort Symbol bedeutet dabei zusammenfügen. Ebenso wie die Weltanschauung der Analytiker hat die ganzheitliche Betrachtung ihren Platz. Erst beides zusammen ergibt ein Ganzes. Um beispielsweise die Bedeutung eines Bildes ganzheitlich zu erfassen, bedarf es eben mehr als der Analyse der chemischen Zusammensetzung der Farben.

Begegnen wir einem Menschen das erste Mal, so bedienen wir uns instinktiv der Betrachtung nach Symbolen und Analogien. Wir schließen aus den Symbolen der Kleidung, der Wohnungseinrichtung, des Autos oder der Bewegungen intuitiv, ganzheitlich und analog auf sein Inneres – eben als Ausdruck seines Wesens. Der Verstand als Instrument der Analyse braucht dazu Zeit, um am Schluß doch meist die bereits ganzheitlich wahrgenommenen Aussagen zu bestätigen.

Gerade das Thema Zeit macht uns in der Überschneidung der beiden Weltbilder zu schaffen. Der Körper, als Repräsentant der seelisch-geistigen Ebene, kennt nur eine Zeit: *hier* und *jetzt*. Spätestens beim Versuch, einzuschlafen und den nicht endenden Gedanken an den (vergangenen oder zukünftigen) Tag können Sie eine analoge Umsetzung dieser geistigen Leistung in motorisch-körperliche Bewegung auf der

Zeitachse erleben. Beine anziehen, strecken, Arme hinter den Kopf, umdrehen von links nach rechts und so weiter. Erst das „Abstellen" der geistigen Aktivitäten führt zum Stillstand des Körpers und damit zur ersehnten Ruhe für Körper, Geist und Seele. Für den Körper macht es also keinen Unterschied, ob Sie an Geschehnisse denken, die sich schon ereignet haben oder erst sein werden, er kennt nur jetzt und hier.

Auf der anderen Seite braucht unser analytisches, verstandgesteuertes System gerade die Aufeinanderfolge der Geschehnisse in der Zeit; Gleichzeitiges entzieht sich seiner Erfassung. Oft benötigen wir unseren gesamten Lebensweg in der zeitlichen Abfolge mit den zugehörigen Geschehnissen, um am Ende das ganze Muster, quasi den roten Faden unseres Lebens zu erkennen. Mit diesen Mustern sind charakteristische Merkmale eines Menschen gemeint, die im Leben eine Rolle spielen. Oft kann erst bei der Betrachtung rückblickend aus einer Situation das dahinterstehende Muster erkannt werden.

Besonders deutlich wird dies bei Beziehungsmustern. Wenn bei einer alten Beziehung das Muster, welches zur Trennung geführt hatte, nicht erkannt und geändert wurde, wird es sich beim nächsten Partner ebenso wiederholen. Das gleiche gilt für die Erfahrung, daß trotz Firmenwechsel wieder der gleiche Ärger mit dem Vorgesetzten auftaucht. Die zeitliche Abfolge der Geschehnisse bringt uns die Erfahrung der Muster. Die ganzheitliche Betrachtung, das Draufblicken auf das Geschehen, hilft, das Muster zu erkennen. Sonst verstricken wir uns immer wieder darin.

Genau wie in diesem Buch. Obwohl bereits die gesamten Kapitel geschrieben stehen, lesen Sie erst dieses Kapitel und nähern sich zeitlich dem Ende und der Gesamtaussage. Wir brauchen zeitabhängige Erfahrungen, um uns dieser bewußt zu werden.

Fragen wir nach den Bedeutungen von körpersprachlichen Erscheinungen und Ausdrucksformen, so können wir natürlich kausal vorgehen und damit unsere Vergangenheit als Ursache angeben. Sicher finden wir auch hier Teile unseres seelisch-geistigen Musters wieder, welches sich beim Kind genauso wie beim Erwachsenen ausdrückt. Nur handelt es sich in der Vergangenheit wie auch in der Gegenwart immer um eine

Ausdrucksform der analogen Symbolik. Es ist egal, ob wir Eltern, Geschwister oder Lehrer als Projektionsfläche unserer unbewußten Seelenmuster benutzen oder später Arbeitskollegen, Partner oder fremde Menschen. Nicht die Eltern oder Arbeitskollegen sind die Ursache für unser Unbehagen. Die Ursache liegt im betreffenden Menschen selbst und nicht in den äußeren Bedingungen.

Bei der Deutung und Übersetzung von Körpersprache (und vielleicht nicht nur da) sollten wir daher auf die kausalen Zusammenhänge im Äußeren verzichten. Selbstverständlich gibt es immer eine Fülle von diesen, meist vergangenheitsbezogenen Ursache-Wirkung-Beziehungen, die zwar zur Verwirklichung des seelisch-geistigen Themas beigetragen, sie aber nicht verursacht haben. Um den Inhalt (das Geistig-Seelische) aus der Form (Körper) zu deuten, ist es nur wichtig, daß es jetzt und hier so ist, nicht, warum es ist und wie es sich verwirklicht hat.

Zweitens ist es wichtig, bei der Deutung der Körpersprache auf den Zeitpunkt des Auftretens von bestimmten Haltungsänderungen, Bewegungen, Spannungszuständen und dergleichen zu achten. Nicht die Frage nach der zeitlichen Vergangenheit und Entwicklung ist wichtig, sondern: Wann tritt eine Bewegung auf? Denn davon hängt der Bezugsrahmen ab, in welchem wir unsere Deutung zur Bedeutung machen. Welche Ereignisse und Worte waren der zeitliche Auslöser für eine körperliche Regung?

Als dritte Regel wurde bereits der sorgfältige Umgang mit der Sprache erwähnt. Zahlreiche Wörter und Wortzusammensetzungen beinhalten neben der geistigen Information auch den Bezug zum körperlichen Dasein. Aus der Evolution heraus ist dies auch gar nicht verwunderlich: Alles, was wir leiblich erfahren und be*griffen* haben, können wir auf der höheren Ebene benennen. Nur so ist eine Abstrahierung auf der geistigen Ebene wirklich möglich. Vom Säugling bis zum Greisenalter kommen wir somit dem geistigen Prinzip immer näher. Wir können uns damit eine Ver*bindung* schaffen, die jedoch meist als Ver*bindlichkeit* auch gescheut und gerne umgangen wird. Das Erkennen des Prinzips hinter allem Materiellen führt uns vom Körper über die Seele zum Geist – und in unserer Sprache jonglieren wir ständig zwischen diesen Ebenen hin und her. Nur wer ein Ohr für diese Doppeldeutigkeiten hat, wird die Analogie in allem körperlichen Geschehen verstehen können. Es lohnt sich, daran zu arbeiten!

Stellen Sie sich einmal vor einen Ganzkörperspiegel, und beschreiben Sie mit lauten Worten, was Sie sehen und somit wie Sie sich selbst sehen. Um Ihre persönliche Analogie zu Ihrem Seelenmuster herzustellen, brauchen Sie nur genau hinzuhören. Für Formulierungen wie „standhaft", „umfallen", „vertreten", „nicht wegzubewegen", „aufgeblasen", „zurückhaltend" oder „halsstarrig" bedarf es keiner Übersetzung, die Worte sprechen eine klare Sprache und – bezogen auf Innen und Außen – für sich. Der Körper übernimmt den Ausdruck dessen, was nicht bewußt gemacht werden will oder soll und bringt es damit ins Leben.

Allein die aufmerksame Betrachtung des Körpers macht vieles bewußt. Und sobald etwas erkannt ist, wird auch meist der Wunsch nach Veränderung laut. Aber Vorsicht! Hier liegt dann zunächst einmal eine schon vollzogene Bewertung vor, die zu dem Urteil geführt hat: Dieses Zeichen und der entsprechende Hintergrund sind schlecht und müssen weg. Nur schaffen wir mit dem Kampf gegen etwas wieder neue Unter*drückung* und damit einen weiteren Schatten. Das Erkennen heißt, etwas zu bejahen und anzunehmen, zu integrieren, nicht es so schnell wie möglich wieder loszuwerden. Erst wenn etwas integriert wurde, zum Beispiel die Neigung, alles kontrollieren zu wollen (Ausdruck hierfür sind beispielsweise ständig angespannte Hände), und klar geworden ist, daß dieser Ausdruck auch seinen Nutzen hat, kann man dazu übergehen, diese Neigung aus dem Extrem zu erlösen. Dabei schlägt das Pendel meist in die entgegengesetzte Richtung aus. Doch auch dies ist nur natürlich, muß doch die Kraft, die die eine Richtung hervorgebracht hat, sich in der gegensätzlichen Polarität erst einmal wiederfinden. Nur so können wir mit der Zeit die wirkliche Mitte erfahren.

Um Änderungen, die aus diesem Prozeß entstehen, zu unterstützen, ist es möglich, sowohl von innen als auch von außen zu arbeiten. Nur beide Ebenen zusammen schaffen wieder ein authentisches Ganzes. Die ausschließliche Veränderung der Körpersprache, um ein vielleicht besseres Erscheinungsbild für die Außenwelt darzustellen, schafft neue Unstimmigkeiten durch Überspannungen und keine wirkliche Veränderung. Fehlt die Innerlichkeit, wird auch hier unser Körper zum Verräter, denn er wird durch Überspannungen und unrhythmische Bewegungen unseren Täuschungsversuch entlarven.

Und noch eine Regel: Deuten Sie niemals nur einzelne Ausdrucksverhalten, wie zum Beispiel einen Finger in einer bestimmten Position! Der Mensch ist widersprüchlich und sendet daher auch immer verschiedene Signale. Mit etwas Übung werden Sie aber auch in Widersprüchen ein Muster erkennen, das Sinn ergibt. Schauen Sie sich bitte immer das gesamte Bild an, denn nur so können Sie über die Detailbeschreibung dem Ganzen auch gerecht werden.

Zusammenfassung

1. Die Deutung von Körpersprache erfordert das Denken im analogen Geschehen; alles geschieht gleichzeitig, und die Ebenen Seele, Geist und Körper sind als senkrechte Entsprechungseben zu sehen. Jeder körperlichen Ausdrucksform entspricht ein seelisch-geistiges Prinzip.

2. Der Körper kennt nur *hier* und *jetzt*. Der Zeitpunkt einer Verhaltensänderung körperlicher Art ist nicht von der Vergangenheit geprägt, sondern von den momentan auftretenden inneren und äußeren Auslösern, wie eigene Gedanken, Gefühle und äußere Geschehnisse.

3. Unsere Sprache beschreibt und enthüllt in ihrer Doppeldeutigkeit Körpersprache.

4. Deuten Sie niemals einzelne Signale. Erst der gesamte Satz ergibt den Sinn, einzelne Vokabeln sind ohne Kontext sinnlos.

5. Körpersprache bewertet nicht. Erst aus Situationen, beteiligten Personen und der verbalen Sprache ergibt sich ein subjektives Wertungsschema. Körpersprache beschreibt seelisch-geistige Aktionen.

II. Deutung und Bedeutung von körpersprachlichem Ausdrucksverhalten

1. Haltung

Die aufrechte Haltung des Menschen enthält eine Fülle von Persönlichkeitsmerkmalen, eine Art kleine Biographie. Nicht nur unsere Gesichter mit den Zeichnungen, die sich mit zunehmendem Alter immer weiter ausprägen, zeigen deutlich die Spuren unseres bisherigen Daseins, sondern auch die gesamte Haltung verändert sich unaufhörlich Tag für Tag. Allerdings ist unsere Wahrnehmung hier nicht besonders differenziert. Erst der Hinweis einer Person, die wir längere Zeit nicht gesehen haben, oder die Betrachtung alter Fotos gibt uns gelegentlich Hinweise.

Im Laufe unserer persönlichen Entwicklung durchlaufen wir in Kurzform noch einmal die gesamte Menschheitsgeschichte: vom krabbelnden, bauchgesteuerten, instinkhaften Kleinkind zum kopfgesteuerten, intellektuellen, aufrechten Homo sapiens. Der Kopf als absolutes Steuerungsinstrument über Herz und Bauch ist das heute sicht- und erlebbare Resultat. Daß wir uns damit in einer Sackgasse befinden, sehen wir nicht zuletzt an den vielen körperlichen *Krankheiten*, die die *Kränkung* in anderen Bereichen widerspiegeln. Aber auch die Entsprechungen auf diesem Globus, wie die fehlende Verbundenheit mit der Natur und die daraus resultierenden Umweltbeschädigungen, sind Zeichen einer einseitig gewordenen Kopfsteuerung, ohne Beteiligung von Herz und Instinkt.

Wie sah aber eine ursprüngliche, ausgeglichene innere und äußere Haltung aus, bevor sich die verschiedenen Neigungen und Überbetonungen im Laufe unseres Lebens entwickelt haben?

Gerade, aufrechte Haltung = innere Ausgeglichenheit und Aufrichtigkeit

Abbildung 1 (siehe Seite 41) zeigt Mann und Frau in einer nahezu objektiv geraden Haltung. Diese Haltung werden wir bei keinem Menschen wirklich finden, da auf den Fotos fast alle Persönlichkeitsmerkmale zurückgenommen sind. Diese Darstellung soll Ihnen lediglich als Maß dienen. Bei einer ursprünglich geraden Haltung stehen die Beine hüftbreit auseinander, die Füße zeigen geradeaus. Das Becken befindet sich in der Mitte. Die Aus- und Einatmung ist gleichmäßig, so daß der Oberkörper weder gebläht noch eingesunken erscheint. Die Schultern sind gerade, Hals und Kopf stehen in einer Linie zur Wirbelsäule. Die Arme liegen seitlich am Körper, und die Handinnenflächen zeigen zum Körper. Nach der Hirndominanzlehre (vgl. Literaturverzeichnis) kommen in der rechten Körperhälfte Logik, Sprachsteuerung, digitales, lineares Denken sowie Analysefähigkeit zum Ausdruck. Auf der linken Körperhälfte drückt sich die Fähigkeit der rechten Hirnhälfte aus. Hierzu gehören analoges Denken, Symbolik, Intuition und Ganzheitserfassung. Rationale und emotionale Ebene sind also in Harmonie miteinander. Hier steht ein Mensch, der innerlich und äußerlich ausgeglichen, harmonisch und in der Mitte ruhend den Dingen gelassen entgegenblikken kann.

Standpunkte vertreten, einnehmen, wechseln und verteidigen

Haben Sie schon einmal bewußt darauf geachtet, wie Frauen ihren Standpunkt ver*treten*? Nein, nicht wie sie dies verbal in den unterschiedlichsten Formen tun, sondern wie die Wirkung der Argumentation auf Sie bei bestimmten äußerlichen Ent*sprechungen* war? Da bemüht sich unsere Darstellerin im Gespräch mit ihrem männlichen Gegenüber um noch so treffliche Argumente – und wie kommt „sie" bei „ihm" an? Betrachten Sie die Abbildung 2 genauer, so sehen Sie, was hier an *Standfestigkeit* gegenüber dem Mann fehlt: Die Frau nimmt den ihr zur Verfügung stehenden Raum nur minimal ein und verschenkt den ihr ange*messen zu*stehenden! Diese Botschaft nimmt nicht nur der Empfänger auf, sondern sie wirkt sich auch auf die Senderin selbst aus: Sie hat sicher nicht das Gefühl, fest zu ihren Argumenten zu stehen, und wird bei Gegenargumenten schnell um*fallen*!

In der „Paarbindung" ist dies ein Näherungsangebot. Die Frau signalisiert Unsicherheit für die eigenen Position und bittet damit um Schutz.

Dabei gibt sie gleichzeitig den Raum zur Annäherung frei. Dieses Verhalten bei geschäftlichen Begegnungen, mit dem Ziel, den eigenen geistigen Standpunkt klar zu machen, die Argumente zu vert*reten* und zur eigenen Meinung zu *stehen,* hat eher gegenteilige Wirkung.

Anders dagegen der Mann: Er nimmt viel Raum in Anspruch und bringt damit zum Ausdruck, daß er auch geistig das Sagen hat. Er erhebt also auch den Anspruch auf Dominanz seiner Ideen. Versuchen Sie, jemanden in dieser Haltung einmal von seinem *Stand*punkt *wegzubewegen.* Die Starrheit, die Sie sehen können, werden Sie auch im Gespräch als Ausdruck seiner seelisch-geistigen Haltung wiederfinden. Hinter diesem Raumanspruch steht jedoch ein inneres Bedürfnis nach Sicherheit – physisch wie mental –, denn diese Art und Weise, sich dar*zustellen,* bringt Festigkeit. Diese Übertreibung geschieht jedoch auf Kosten der Beweglichkeit und erschwert den geistigen Standpunkt*wechsel.*

Sagt man Frauen zuweilen nach, daß sie sprunghaft seien, so ist dies körpersprachlich aus der bevorzugten Standpunktwahl richtig. Sie können sich schneller auf neues (körperliches wie geistiges) Gebiet einlassen. Männer dagegen gelten als stand*haft* und *haften* zuweilen auch zu lange an ihrem Standpunkt. Die Medaille hat immer zwei Seiten!

Glauben Sie den Füßen mehr als dem gesprochenen Wort ...

Füße und Gang zeigen uns die Richtung unseres Denkens und Handelns an. Sie informieren darüber, inwiefern wir zielbewußt, risikobereit, labil oder zurückhaltend sind.

Jede *Behauptung fußt* auf einer *Begründung*: Verstand und Weltverständnis beruhen unübersehbar auf dem Bodenkontakt der Füße und deren Zielrichtung. Eine stabile Persönlichkeit steht mit beiden Füßen auf der Erde, sie weiß, wo „es" hingeht und hat somit einen begründeten Realitätssinn. Entscheidungen, die getroffen sind, werden geradlinig verfolgt – vielleicht manchmal auch zu sehr ... (Abbildung 3).

Falls Sie Skifahrer sind, können Sie sich das (innerliche) Desaster vorstellen, das aus der Fußhaltung in Abbildung 4 resultiert: Der „Schneepflug" als symbolische stetige Bremse. Die Angst, zu schnell auf unbekanntes (geistiges) Gebiet zu gleiten. Diese Person hat sicher gute Vorsätze, nur in der Umsetzung muß geduldig auf die vielen Wenn und Aber Rücksicht genommen werden. Interessant ist, daß der Mensch seine ersten *Gehversuche* meist über diese „Bremshaltung" beginnt. Kein Wunder, sind doch sowohl die Motorik als auch das innere Erleben des sich *Aufrichtens* (der erste Ausdruck von *Aufrichtigkeit*) und die Erfahrung, selber etwas *erreichen* zu können, noch nicht sicher und recht wackelig!

In Abbildung 5 sehen Sie das andere Extrem: Wir wissen, daß auf der rechten Körperseite die rationalen und auf der linken Körperseite die emotionalen Gehirntätigkeiten zum Ausdruck kommen. Steht (und läuft) jemand mit extrem nach außen zeigenden Füßen, so wird sein Handeln innerlich von beiden widerstrebenden Polen beherrscht: Er weiß, daß etwas jetzt notwendig ist, aber das Gefühl würde doch ganz anders entscheiden. Die Konsequenz: Er ist leicht unentschlossen und braucht Zeit, um die beiden Entscheidungsebenen zu vereinen. Und kaum ist die Konzentration gelungen, droht auch schon wieder eine neue Ablenkung. Beobachten Sie in diesem Zusammenhang einmal Pubertierende: So ganz klar ist bei ihnen noch nicht, wo es im Leben denn hin*gehen* soll!

Gehören Sie zum Beispiel zu dem eher geradlinigen, zielstrebigen Typ und arbeiten mit dem eben beschriebenen Naturell zusammen, dann müssen Sie sich darauf gefaßt machen, daß Sie längst an der gemeinsam getroffenen Entscheidung *gezielt* arbeiten, während ihrem Partner immer wieder etwas „Neues" einfällt und er wahrscheinlich noch nicht mit dem Projekt begonnen hat – was Sie wiederum gar nicht *verstehen* ... Ein Blick auf seine Füße hätte Ihnen dieses Verständnis bereits im voraus gegeben und das Miß*verständnis* vermieden.

In Abbildung 6 können wir einen Mischtyp erkennen: Auf der rationalen Ebene wird dieser Mensch genau wissen, was und wie er etwas möchte. Lassen Sie sich als guter Beobachter und Übersetzer der Signale aber nicht täuschen. Immer wieder wird seine emotionale Seite aus der Reihe tanzen und er den Boden der Tatsachen verlassen wollen – sein linker Fuß zeigt zu sehr auswärts, und da geht's eben mit den Gefühlen hin und manchmal auch mit ihnen durch!

Die Knie sind auf der rein funktionalen Körperebene zum Beugen und Strecken vorgesehen. In der seelisch-geistigen Entsprechung stehen sie daher auch für das Sich-Beugen-Können, etwa anderen Ansichten und Meinungen, sowie im anderen Fall für die Starrheit. Argumente, die starr vertreten werden, wo keine geistige Beweglichkeit zum Ausdruck kommt, sind immer mit durchgedrückten Knien verbunden. Die *Unbeugsamkeit* wird verkörpert. Sobald wir glauben, den Boden unter den Füßen zu verlieren und unseren Standpunkt um so fester vertreten wollen, drücken wir die Knie starr durch: „Jetzt kann mich keiner mehr von meiner Haltung abbringen, ich verteidige meine Stellung!" Das eigentliche Thema, nämlich sich geistig aggressiv und abgrenzend zu verhalten, ist wieder einmal auf die Körperebene abgesunken! Es kostet viel Energie, ständig in dieser Verteidigungsstellung zu verharren – statt dessen könnten wir die Energie dort einsetzen, wo sie wirklich Nutzen bringt.

Das Zentrum des Antriebs – das Ego

Lassen Sie sich von einem gut ausgeprägten Ernährungsanteil um die Hüftregion nicht immer täuschen: Oft steht dahinter ein gekipptes Becken und damit ein stark nach Anerkennung strebendes Ego eines Menschen (Abbildung 7).

Mit Ego verstehen wir grundsätzlich die eigenen Wünsche und Bedürfnisse eines jeden Menschen. Diese Ich-Energie zur Verwirklichung des eigenen Lebensziels ist zum Überleben absolut wichtig. Erst die Übertreibung, meist ausgelöst durch fehlende *Unterstützung* der Person in ihren eigenen Bestrebungen (Ausdrucksbereich im Körperlichen ist hier der untere Rücken; „jemandem den Rücken stärken", „hinter jemandem stehen"), führt dann auch im verbalen Verhalten zu Egoismus – *ausgedrückt* durch das nach vorn geschobene, fordernde Becken. Bemerkenswert in diesem Zusammenhang ist, daß gerade in unserem Hierachiegefüge die „Oberen" eher zu einer solchen Beckenhaltung neigen und oft an körperlichen Beschwerden wie Bandscheibenvorfällen leiden. Gibt es keine andere Art, sich durchzusetzen und seine Ansprüche zur Geltung zu bringen? Denn was passiert, wenn zwei solcher ausgeprägter „Egos" aufeinandertreffen? Schließen Sie von dem äußeren auf das innere Bild, und Sie erkennen das Szenario in jedem Gespräch wieder!

Aber auch im Mann-Frau-Spiel scheint hier wieder etwas gut zusammenzupassen: Tendiert der Mann eher zu der eben beschriebenen Becken-„Ich"-Haltung, sehen wir bei Frauen das Gegenteil. Der untere Bauchbereich soll schön flach sein. Wenn Ernährungsanteil und/oder Beckenstellung etwas anderes ausdrücken, wird zur Not sogar „technisch" nachgeholfen. Hier soll das Signal „Meine Wünsche sind gar nicht so wichtig – die Bedürfnisse des anderen sind es viel eher!" gegeben werden. Im Geschäftsleben und auch bei Diskussionen im Familien- und Freundeskreis sicher nicht die überzeugende Haltung, um deutlich zu zeigen, daß sie schon weiß, was sie will, ohne jedoch in die Übertreibung zu gehen. Aus der Mitte heraus wird beiden Komponenten Raum gegeben (Abbildungen 8 und 9).

Handlungsenergie und -absicht: Was wird wirklich geschehen?

Brustkorb und Atmung haben im Inneren ihre Entsprechung in der Fähigkeit zur Kommunikation. Arme und Hände verweisen auf den Bereich der *Hand*lungen und *Hand*habungen unseres Gesagten.

Abbildung 10 zeigt eine Persönlichkeit, der es sehr wichtig erscheint, immer aktiv und handlungsbereit zu sein. Der Mann steckt in der Einatmung fest, die Brust erscheint gebläht. „Er wirft sich in die Brust", weiß die Sprache zu beschreiben und meint damit, daß mit dieser *Aufgeblasenheit* der Oberkörper dominant wird. Dahinter steht neben einem erhöhten Schutzbedürfnis (sinnbildlich für das innenliegende Herz und damit dem Gefühl für sich und andere) die seelische Grundhaltung, die aus einem *Überlegenheitsgefühl* heraus sich selbst und andere kontrollieren will. Mit dem Brustton der Überzeugung gibt dieser Mensch sich stärker, als er ist.

Fallen Sie als Wissender nicht darauf herein! Fühlen sich weder herausgefordert noch unterlegen: Sie sehen hier einen Menschen, der keinen anderen Weg kennengelernt hat, um sich vor Verletzungen zu schützen, und der nach Anerkennung förmlich schreit. Geben Sie ihm, was er möchte, in freien Zügen – und Sie haben einen angenehmen Gesprächs- und Verhandlungspartner. Aber Achtung: Dieser Mensch tut sich schwer, Dinge anzunehmen!

Denn dies ist ja gerade das Vermeidungs-Gegenteil und kommt in der eingesunkenen Brust zum Vorschein: Der Betroffene in Abbildung 11 ist weit davon entfernt, das Leben zur Brust zu nehmen und fühlt sich eher schwach auf dieser. Im Ausatmen steckt Passivität. Bei Menschen, die diese Haltung des Oberkörpers als Grundhaltung zeigen, ist eine seelische Disposition von Kleinheits- und Minderwertigkeitsgefühlen anzunehmen.

Atmen Sie einmal kräftig aus und dann längere Zeit nicht mehr ein. Spüren Sie, wie wenig Antrieb Sie haben und wie sich eigene Schwäche als Gefühl breitmacht? Nicht selten „mißbrauchen" wir diese Menschen, was nicht bewußt böswillig oder gar absichtlich geschieht. Diese Haltung, vor allem in Verbindung mit den hängenden Schultern, lädt ganz einfach dazu ein, daß wir versuchen, hier noch ein eigenes, überzähliges Päckchen loszuwerden. Zu Recht trauen wir diesen Menschen nicht besonderes viel Aktivismus und Durchhaltekraft zu. Die sicher ernst gemeinten Versprechen, dies oder jenes zu erledigen, werden nur zu oft ent*täuscht* – eben weil Sender und Empfänger sich in ihrer Einschätzung ge*täuscht* haben.

Flankendeckung- und schutz

Die Seiten des Körpers sind hoch empfindsam. Wir sprechen davon, daß uns jemand *in die Seite* fällt oder einen *Seitenhieb* versetzt. Analog stehen für diesen Körperteil auch seelische Verletzungsmöglichkeiten.

Erschrecken wir uns, schützen wir reflexartig die Flanken und ziehen den Kopf ein! Viele Menschen sind in den Flanken und ihren Oberarmen durch seelische Verletzungen gekennzeichnet und schützen unbewußt diese Zone. Sichtbar wird dies an Spannungen in den Oberarmen. Somit soll ein ständiger Schutz vor möglichen Angriffen gewährleistet werden. Das hier abgesunkene seelische Thema wird also ständig vom Körper ausgedrückt und hindert den Betroffenen daran, offen geben und nehmen zu können (siehe auch Kapitel „Gestik").

Lastentragende Schultern

Gürtel sind zum Zusammenhalten da – so tut der Schultergürtel seine Pflicht, indem er den oberen Körperbereich zusammenhält. Er schafft die Verbindung zu den Armen und Händen und gewährleistet so, daß die im Kopf gedachten, im Brustkorb mit Energie gefüllten Ideen in Handlungen umgesetzt werden. An den Schultern erkennen wir, wie ein Mensch seine Lasten trägt. Nicht nur in rein physischer Hinsicht schultern wir hier unsere (schweren) Lasten.

Bei breiten und kraftvollen Schultern, die gerade stehen, zeigt sich, daß dieser Mensch das Leben und die damit verbunden Lasten tragen und ertragen kann und will. Er ist be*last*bar. Im Gegensatz dazu teilt ein Mensch mit hängenden Schultern mit, daß es ihm zu schwer und nicht mehr er*trag*bar ist: die Lasten sollen herunterrutschen. In Verbindung mit einem gerundeten Rücken kennen wir den Ausdruck: „Rutsch mir doch den Buckel herunter!" Hier ist jemand überlastet – man möchte ihm am liebsten unter die Arme greifen. Doch dieses Signal kann auch Methode haben! Wer so herumläuft, erreicht es leichter, daß ihm Dinge abgenommen und für ihn erledigt werden. Aber immer muß jemand zur Verfügung stehen, denn sonst ist er verloren. Er kann sich nur schwer selber helfen, denn er läßt sich ja lieber *hängen*.

Daher sicher auch immer wieder der (verzweifelte) Versuch von Eltern, ihre Kinder zumindest äußerlich zu aufrechten, belastbaren, starken Menschen zu formen, indem sie immer wieder auffordern: „Halt dich nicht so krumm, laß die Schultern gerade und sitz aufrecht!" Wer hat schon gern einen Duckmäuser? Jeder wünscht sich, daß sein Kind aufrichtig, belastbar und auf der rechten Höhe ist. Ob rein äußerliche Hinweise da etwas bewirken?

Die hochgezogenen Schultern erzählen uns von Angst. Der Kopf wird zwischen den Schultern versteckt und ängstlich geschützt. Linksseitig hochgezogene Schultern schützen und beengen gleichzeitig das Herz und damit den freien Fluß der Liebesenergie und -handlung. Die hochgezogene rechte Schulter sagt etwas über die ständige Last eines nur einseitig rationalen Lebens aus.

Jemanden über die kühle Schulter anblicken und ihn damit herabsetzen, tut man übrigens immer mit der stärkeren Seite.

Hände und Handlungen

Die Hände sind unser sensibelstes Werkzeug, mit denen wir die Welt begreifen. Sie sind ein wichtiges Instrument zur Kommunikation, wir beschreiben oder verbergen damit Gefühle (linke Hand = Gefühlshand, rechte Hand = Verstandeshand), verteidigen uns oder greifen an. Gekoppelt mit den Armen dienen uns die Hände als Flanken- oder Kopfschutz.

Eine Sache an*packen*, etwas wirklich be*griffen* oder er*faßt* haben; die Ver*hand*lung in die Hand nehmen; einen kritischen Punkt be*handeln* oder sich durch das Gegenüber manipuliert (lat.: manus, die Hand) fühlen – unsere Sprache ist reich an Beziehungen der seelisch-geistigen zur körperliche Ebene in bezug auf Hände. Und auch hier gilt: Glauben Sie den Händen mehr als den verkündeten Inhalten der Sprache.

Wenn etwas auf der Hand liegt, wir ein offenes Angebot machen wollen und dies verbalisieren, jedoch unsere Hände, wie in Abbildung 12, das Gegenteil zeigen, werden wir unglaubwürdig. Unser Gesprächspartner mißtraut uns. Hier liegt eher etwas in der *Hinterhand*; es wird etwas *zurückgehalten* (das bessere Angebot oder die Wahrheit?). Diese Person zieht es vor, sich ständig zu schützen, indem sie die empfindliche Innenseite der Hände nach hinten dreht. Was auch immer in der persönlichen Erfahrung zu dieser inneren und äußeren Haltung geführt haben mag, es behindert den Benutzer am offenen Geben und Nehmen – nicht nur von Dingen, sondern auch von Ideen, Argumenten, Angeboten und neuen Erfahrungen.

Ganz anders dagegen die „Django-Haltung" in Abbildung 13: Ständig handlungsbereit, also auch immer und überall sprechbereit sein, bloß keine Situation aus der Kontrolle verlieren, heißt hier die Devise. Schade nur, daß dieser Mensch eine Menge Energie in seine ständige Bereitschaft stecken muß, anderen damit erheblich den Nerv tötet (wer hört schon gerne nur zu?) und sich selbst um erweiterndes Gedankengut und neue Impulse bringt.

Schutzmaßnahme plus *Handlungsdrang*, besonders auf der rationalen Ebene, können Sie vermuten, wenn Sie eine Haltung wie in Abbildung 13 (rechte Hand) *entdecken*. Wie sich diese beiden Bedürfnisse im Gespräch äußern, wird sicher interessant sein, herauszufinden.

Was erkennen Sie an der Kopfhaltung?

Als Krönung der Wirbelsäule kommt dem Kopf die Rolle des Ober-*hauptes* nicht nur sprichwörtlich zu. Als Sitz der Kommandozentrale mit allen Sinnesorganen und -zuleitungen besitzt er tatsächlich eine Führungsposition. Nur sollte die Führungsetage die scheinbar untergeordneten archaischen Empfindungszentralen, wie Instinkte, Gefühle und Intuition, nicht unterdrücken oder von den eingehenden Informationen nur die Elemente verwenden, die dort oben den ausgesprochenen *Behauptungen* gerade passen! Der Kopf kann nichts ausführen, dazu braucht er schon seine *Hand*lungen und nicht zuletzt den Kontakt zum Boden durch die Füße – stellen diese doch den Grund dar. Echte Führung hieße – und dies sicher nicht nur in der seelisch-geistig-körperlichen Entsprechung – Erster unter Gleichen zu sein und zu wissen, daß er nichts ohne den restlichen Körper und dessen Möglichkeiten erreichen kann.

Zur Kopfhaltung gibt uns die Sprache zahlreiche Hinweise, besonders zu unseren geistigen Ver(w)irrungen: „über den Kopf wachsen", „mir raucht der Kopf", „über meinen Kopf hinweggehen", „Kopf hoch", „in den Kopf setzen", „nicht auf den Kopf gefallen", „den Kopf zerbrechen" oder „den Kopf verlieren".

Die Liste ließe sich noch beliebig fortführen! Kein Wunder, daß so viele Menschen über Kopf*schmerzen* klagen, wo wir doch allzuoft mit dem „Kopf durch die Wand wollen".

An der Kopfhaltung erkennen wir, ob jemand offen für andere oder am liebsten nur auf sich selbst bezogen ist. Wir sehen auch, ob die unteren Ebenen von Herz und Bauch mit dem Kopf zusammenarbeiten oder ob dieser *hocherhobenen Hauptes* seine einsamen Entscheidungen trifft. Wir geben hier unsere *Einsichtfähigkeit* und *Ansichten* kund.

Woran erkennt man einen Führungskopf?

Im geistigen Sinne haben wir da sicher unterschiedlichste Vor*stellungen*. Was aber sagt die Körpersprache zu dieser Frage? Ganz einfach: der Kopf wird vor dem Rest des Körpers geführt. Das bedeutet nicht, daß Sie bei einer solchen Kopfhaltung den idealen Manager vor sich haben, sondern daß bei diesem Menschen die rationale der Sicht Dinge dominiert.

Betrachten Sie in Abbildung 14 den „Knick" zwischen Körper und Kopf. Dies weist auf Einschränkungen der „Meldungen" aus den übrigen Körper-/Seelenteilen hin, sie werden nicht mehr klar und deutlich wahrgenommen und müssen sich oft „Bahn brechen". Hier weiß jemand viel und vieles besser, aber immer nur aus dem bisherigen persönlichen Wissens- und Erfahrungsbereich be*trachtet*.

Die Zurückhaltung in Hals- und Kopfbereich der Frau zeigt bildlich ihren Unwillen, ihren Kopf auch einzusetzen, auf der anderen Seite verengt sie ihre An*sichten* auf ein geringes Spektrum und ist daher für Neues nicht besonders ein*sichtsfähig*. Hoffentlich haben die beiden in dieser Situation die gleichen *Perspektiven* (dann herrscht Übereinstimmung), wenn nicht, gibt es selbst mit tausend Worten nur wenig (geistige) Bewegung. Die Frage ist dann eher: Wer setzt seinen Kopf durch? – Argumentationen statt *Einsicht*!

Der Hals

Keine Kopfbewegung ohne den Hals. Er ist ein sensibles Bindeglied zwischen oberen und unteren Welten. Hier laufen Luftröhre (Atmung = Kommunikation), Speiseröhre (physische Nahrung = geistige Nahrung) und verbindende Nervenbahnen (Gefühle) – ein reger Verkehr.

Der Hals und der Nacken als seine Rückfront bilden daher auch oft den Ort, an dem es eng wird (lat. angus = eng; daher kommt unser Wort Angst). Wird eine Situation eng, dann greifen sich die Herren gern an den Schlips – der auch nicht zufällig hier als Symbol für Kultiviertheit prangt –, um der Enge etwas Luft und sich selbst damit Freiraum zu verschaffen. Auch das Öffnen von Kragenknöpfen oder das Weiten des Rollkragens symbolisiert diese Befreiungsaktion auf körperlicher Ebene – die geistige sollte bei diesen Signalen eingeschaltet werden und übernehmen!

„Du kannst den Hals nicht voll genug bekommen", „Halsabschneider", „das Wasser steht einem bis zum Hals", sind sinnbildliche Ausdrücke der klugen Sprache für die hier ansässige, seelisch-geistige Entsprechung. Aber auch jemandem liebevoll die Arme um den Hals legen ist ein Zeichen für die Vertrauenwürdigkeit: hier wird mir (hoffentlich) niemand an die Kehle gehen oder „einen Strick draus drehen". Der Hals und seine Zeichnungen durch Falten sagen uns einiges über freien Fluß im Reden, Geben und Nehmen. Sie lassen auch deutliche Zeichen für den sprichwörtlichen Geiz*hals* erkennen.

Im Nacken kann sich auch wieder die Angst ausdrücken, in dem sie uns geradezu in selbigem sitzt. Ein besonders muskulärer, stark ausgeprägter Hals wird auch als Stiernacken bezeichnet. Wird hier mit unnachgiebiger Sturheit, Hart*näckig*keit und Hals*starrig*keit nur der eigene Kopf durchgesetzt?

Nackenschläge des Lebens hinterlassen ebenso ihre Spuren. Wie ein physischer An*schlag* in diesem Bereich ein Anspannen der Muskulatur als Gegenwehr zur Folge hat, so reagiert der Körper mit der gleichen Spannung auf seelisch-geistige An*griffe* und Nackenschläge. Wer sich abends nach einem anstrengenden Tag instinktiv den Nacken reibt, sollte sich darüber bewußt werden, daß der Körper die Schläge eingesteckt hat. Eine Lösung, sowohl der Verspannungen als auch des Erschöpfungszustandes, liegt wohl nicht so sehr bei einer guten Massage oder einem Entspannungsbad – auch wenn diese Maßnahmen zunächst Linderung geben –, sondern eher im Lösen der zugrunde liegenden Probleme. Statt sich körperlich hart zu machen, sollte diese Haltung auf der sprachlichen Ebene wiederentdeckt werden. „Gegen wen oder was muß ich unnachgiebiger werden und mich für meine eigene (Hals-)Freiheit einsetzen?" sollte die Frage lauten.

Mit der Zeit legt man sich sogar – seelisch wie körperlich – einen Panzer zu: eine Dauerdeckung, die dann für jeden an den auffälligen Rundungen im Nacken sichtbar wird, nur meist für den Betreffenden selbst nicht. Um jedoch den Nacken überhaupt – symbolisch – preiszugeben, ist eine entsprechende Kopfhaltung erforderlich. Der Kopf und der damit verbundene Mut, zu den eigenen Behauptungen zu stehen, sinkt und gibt damit die innere wie äußere Angriffsfläche frei. Wer nach Ohrfeigen und Nackenschlägen verlangt, wird sie auch bekommen! Diese Opferrolle hat sich der Träger jedoch selbst ausgesucht.

Den Gegenpol kennen wir als hochnäsig. Dabei wird der Kopf in den Nacken geschoben, das Kinn als Symbol der Willenskraft zeigt nach vorne, und die Nase steht (zu) hoch. Gleichzeitig wird der empfindliche Hals freigelegt. „Ich fühle mich so sicher und überlegen, daß ich niemandem zutraue, mir in die Kehle zu beißen, alles tanzt nach meiner Nase." Der betroffene Betrachter wird herabgesetzt und projiziert nun seinerseits, falls er nicht in die erwünschte Unterwürfigkeit geht, indem er hoch*blickt*: „Arroganter Typ, mit dir will ich gar nichts zu tun haben." Hochmut, Mut und Demut als geistige Themen werden hier anschaulich versinnbildlicht.

In der seitlichen Kopfhaltung liegt ein sich einseitiges Öffnen. Neigen wir den Kopf nach rechts, öffnen wir uns der linken, gefühlvolleren Seite und spüren Weichheit. Den Kopf zur linken Seite geneigt, öffnet den Blick für die rationale Sicht und läßt härtere, bestimmendere Gedanken und Gefühle wach werden. Neigt ein Mensch den Kopf ständig zu der einen oder anderen Seite, wird sichtbar, daß er einen Teil der polaren Welt nicht sehen will. Hier wäre eine bewußte Auseinandersetzung mit dem zugehörigen Schatten, der Vermeidungsseite, sicher hilfreich – ein Schiefhals wäre ein körperlicher Zwang zu einer solchen Auseinandersetzung und der letzte Aufschrei.

Abbildung 1: Mann und Frau stehen in gerader Haltung. Wie auf allen solchen gestellten Aufnahmen fehlen die Persönlichkeitsmerkmale.

Abbildung 2: Stand ohne Standfestigkeit. Die Frau verschenkt den ihr zu*stehenden* Raum.

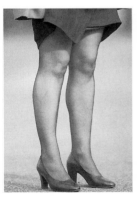

Abbildung 3 (links unten): Eine stabile Persönlichkeit steht mit beiden Füßen fest auf der Erde. Sie weiß, wo es hingeht.

Abbildung 4 (rechts unten): Der Schneepflug symbolisiert die Angst, zu schnell auf unbekanntes Gebiet abzugleiten.

41

Abbildung 5 (links): Der Widerspruch der rationalen und der emotionalen Seiten: Die Person ist und bleibt unentschlossen, wo es denn hingehen soll. S. 29

Abbildung 6 (rechts): Der Mischtyp: Seine rationale Seite weiß, wo es hingeht, seine emotionale Seite aber läßt seinen Gefühlen den Vortritt.

Abbildung 7: Es ist nicht der Bauch; der nach Anerkennung strebende Mensch drückt sein Becken stark nach vorn.

Abbildung 8: Das zurückgenommene Becken soll zeigen, daß die eigenen Wünsche gar nicht so wichtig sind.

Abbildung 9: Sie weiß, was sie will, ohne jedoch zu übertreiben. Die goldene Mitte gibt allen Komponenten Raum.

Abbildung 10: Er wirft sich in die Brust und demonstriert sein Überlegenheitsgefühl, aber auch sein Schutzbedürfnis. $. 33

Abbildung 11: Schwach auf der Brust und eine Grundstimmung von Kleinheits- und Minderwertigkeitsgefühlen. Die eingesunkene Brust signalisiert auch den willkommenen Mitarbeiter, dem wir immer noch etwas draufpacken können.

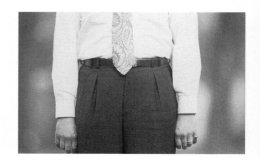

Abbildung 12: Kein offenes Angebot mit dieser Handstellung. Der Partner wird diesem Mann mißtrauen.

Abbildung 13: Die Django-Haltung demonstriert Aktionismus. Dieser Mann verbraucht seine Energie, um ständig und für alles bereit zu sein. S.36

Abbildung 14: Hals und Kopf zurück-genommen: Diese Frau zeigt ihre Unein-sichtigkeit und auch ihren Unwillen, Neues zu sehen.
Der Mann: Ein Führungskopf. S.37

44

2. Gang

Der große Auftritt

Wir kennen sie alle: die Menschen, die man bereits von weitem hört, die ihrem Auftritt Gehör verschaffen. Wenn die Tür aufgeht, wissen wir längst: Jetzt kommt ...

Verstärkt durch adäquates Schuhwerk – auch diese Auswahl wird nach unbewußten seelisch-geistigen Prinzipien getroffen – wird hier im körperlich übertragenen Sinn der Aufsetzpunkt der Ferse auf den Boden deutlich be*tont*. Dieser Mensch möchte auf keinen Fall über*hört* und über*sehen* werden. Forderung nach An*erkennung* und damit meist einher*gehend* laute und betonte sprachliche Ich-Betonung stehen dahinter. Nur re*agieren* wir auf solche Forderungen unbewußt vielfach mit Ablehnung. Wir fühlen uns gezwungen, hier Entsprechendes zu geben und verfallen eher ins Gegenteil. Damit muß der Betroffene beim nächsten Mal noch lauter und deutlicher werden! In Abbildung 15 (siehe Seite 50) ist ein solcher Auftritt dargestellt, und in Verbindung mit einem großen Schritt (Abbildung 16) bedeutet es dem geschulten Betrachter, daß hier jemand in großen Schritten denkt und handelt. Für Details ist dieser Mensch nicht gern zu haben, denn er über*schreitet* die Einzelheiten auf dem Weg zum Ziel.

Im Gegensatz dazu der eher kleine Schritt mit einem schnellen, flachen Aufsetzen des Fußes auf die (neue) körperliche wie geistige Ebene (Abbildungen 17 und 18). Einzelheiten sind hier bei der geistigen Vor- *gehensweise* wichtig. Im Gespräch sollten Sie diesem Partner eine Menge Denkschritte in Form von Daten, Fakten und Analysen geben; er wird so eher mit*gehen* und zu dem von Ihnen angestrebten geistigen Ziel gelangen. Ist ein solcher Gang mit einer starren Nacken- und Schulterhaltung gepaart, dann haben Sie es mit einem risikoscheuen Menschen zu tun.

Der Gang durchs Leben

„Wie geht's?" fragen wir, und im eigentlichen Sinn beantworten wir die Frage, wie der Weg, ausgehend von einem sicheren *Stand*punkt, durch unsicheres, unbekanntes geistiges Gebiet, bewältigt worden ist. Das Aus*schreiten* und damit das Fortschreiten im Großen wie im Kleinen – körperlich wie geistig und seelisch – wird hier zum Ausdruck gebracht.

Abbildungen 19 bis 21: Frauen haben analog zu ihrer Standhaltung oft einen korrespondierenden Gang. Sie vollziehen eine Art Seiltanz. Nicht nur das meist unsicher machende und wirkende Schuhwerk, sondern auch die schmal voreinander gesetzten Beine geben das deutliche Signal: Ich brauche Unterstützung und starke Be*gleitung*. Wenn dies wirklich gewünscht ist, wird es seine Wirkung nicht verfehlen. Gibt jemand dieses Signal jedoch unbewußt und hat bewußt ein gegenteiliges Selbstbild, kommt es bei einer Begegnung sicher zu Mißver*ständnissen* und Un*stimmigkeiten*.

Die körperlichen Signale sollten mit der inneren Absicht übereinstimmen; wenn dies nicht der Fall ist, schafft immer der Körper die entscheidende Wirkung, signalisiert die wahren Standpunkte, Stärken und Schwächen und gibt damit die *Wirk*lichkeit vor!

An-gehen, aber nicht an-packen

Der Mann in Abbildung 22 versucht sein Bestes. Gewagt und damit mit großem Schritt geht er die Dinge an. Aber leider werden er und seine Mitmenschen immer wieder feststellen: Er schafft es nicht, das An*ge-strebte* auch in Taten umzusetzen. Zu blockiert sind bei diesem Gang seine Armbewegungen, das Zu- und Vertrauen in die eigene Handlungs- und Tatkraft ist *zurückgehalten*. Mit dem Kopf erscheinen diesem Menschen die Dinge zudem auch noch recht klar, immerhin führt dieser hier das Geschehen an. Nur bleiben Arme und Hände (be*greifen* und mit dem Herzen handeln) sowie das Verständnis auf der Strecke (mit den großen Schritten „fliegt er über die Tatsachen hinweg"). Gut jedoch, wenn es in der Umgebung jemanden gibt, der das Handeln übernimmt und die Ideen und geplanten Projekte in die Tat umsetzen kann.

Wird diese Haltung des Nicht-selber-Handelns jedoch bewußt getroffen und man hat sein Leben entsprechend eingerichtet – die tüchtige Sekretärin im Büro, die hilfreiche Ehefrau und der handwerklich begabte Freundeskreis stehen dafür –, dann wird, wie in Abbildung 23, dies durch Ver*stecken* der Hände (Handlungen) während des An*gehens* eines Zieles deutlich gezeigt. Im Gegensatz zu dem vorherigen Beispiel leidet jedoch unter dieser Haltung nicht der Betreffende selbst, sondern gegebenenfalls andere.

Den eigenen Weg gehen – aber möglichst ohne Gefühl

Angemessenen Schrittes mit schwingendem rechten Arm geht der Mensch in Abbildung 24 seines Weges. Wir können annehmen, daß er sowohl für Einzelheiten als auch für weitreichende (Zeit)Planung ein Gespür hat und die daraus entstehenden Ergebnisse rational in die Tat umsetzt. Nur fragen Sie diesen Mann nicht, wie sein Gefühl mit dieser Art des Lebensweges *einver*standen ist! Zu sehr bleibt dieser Aspekt des Daseins zu*rück* (linke Hand blockiert). 50 Prozent seiner Aktionsenergie werden hier leider nicht genutzt und würden bei Freiheit beider Arme und Hände und der damit verbundenen seelisch-geistigen Freiheit ein schwungvolles und dynamisches Herangehen an die Herausforderungen und Aufgaben des täglichen Lebens fördern. Diese innere Freude und Gelöstheit würde sich im Körper als Entspannung wiederfinden und in Taten fließen lassen. Und wer entspannt und auf*recht* (aufrichtig) an die geforderten Leistungen heran*geht*, dem wird es besser er*gehen*! So, wie Sie eine Situation an*gehen*, wird es Ihnen immer auch er*gehen*; die innere Einstellung bringt die äußere Wirkung.

In Gesprächen hört man zuweilen den Satz: „Bist du mitgekommen, konntest du mir folgen?" Wieder erkennen wir den deutlichen Bezug der geistigen zur körperlichen Ebene. Nur, in Gesprächen, die im Sitzen stattfinden, erlebt man nicht immer, daß das Gegenüber diesen Satz mit „Nein, du bist viel zu schnell vorange*gangen*, und ich habe den geistigen Kontakt zu dem Gesagten verloren", kommentiert. Dies würde *sicht*bar, wenn die beiden Gesprächspartner wirklich gemeinsam gehen würden. Zu schnelle geistig-verbale Vor*gehensweise* würde den Partner physisch zurückbleiben lassen. Für den Erklärenden ist die verbale Aufzählung von geistigen (Denk)Schritten nicht schwierig, hat er sich doch auf dieses geistige Gebiet schon einmal eingelassen und seinen Standpunkt dort gefunden. Für den Zuhörer ist das vermittelte Thema aber meist Neuland, auf das er sich mit Hilfe der Erklärungen zubewegen will und soll – und sein Helfer läuft, bildlich gesprochen, einfach davon! Gerade Fachleute *laufen* hier immer wieder Gefahr, den Gesprächspartner zu überfordern, weil sie die Dinge zu schnell an*gehen*.

Haben Sie daher einmal ein schwieriges Thema zu vermitteln, empfiehlt es sich, dieses Gespräch im Gehen zu führen. Die Klarheit und Offenbarung der körperlichen Bewegungen wird sofort Hinweise auf geistige Blockaden oder Stolpersteine geben. Wie und an welchem Punkt bleibt ihr Gesprächspartner *stecken* (bleibt er einfach stehen, oder zögert er mit dem nächsten Schritt)? Ein wirklich gemeinsames An- *gehen* einer Sache bedeutet, nur so schnell geistig-verbal und körperlich voranzu*gehen*, wie der Partner in der Lage ist, *Schritt* zu halten.

Diese gleiche Vor*gehensweise* empfiehlt sich ebenso, wenn sie selbst Probleme haben. Wenn man fest im Sessel oder Sofa sitzt, wird es viel schwerer fallen, die Probleme zu *lösen*, als wenn Sie sich vom Problem lösen und durch die Bewegung neue gedankliche Räume erschließen. Können Sie das noch in der freien Natur tun, und leistet Ihnen vielleicht jemand Gesellschaft, der Sie auf „Trab" hält und Ihnen ein paar Impulse gibt, dann werden Sie jedes Problem selber schnell und befriedigend lösen können.

Nicht zuletzt deshalb sitzen Grundschulkinder beim Lernen auch nicht still. Für sie ist der Widerspruch zwischen geistiger Bewegung und körperlichem Stillstand noch unmittelbar erfahrbar und fast unerträglich! Wir sollten, statt den Kindern unser unnatürliches und beschränkendes Verhalten „beizubringen", eher wieder von ihnen lernen.

Wie gehen zwei Menschen miteinander um? Diese Frage können Sie entweder durch lange Verhaltensstudien in verschiedenen Gesprächssituationen beantworten oder indem Sie vom Körper auf die geistige Einstellung der beiden zueinander schließen. Gehen Sie für eine länge Zeit mit jemanden spazieren, und unterhalten Sie sich. Dabei können Sie beispielsweise am Gleich*schritt* den Gleich*klang* erkennen. Inwiefern haben beide die gleiche Rhythmik und Dynamik? Wer geht immer ein Stück voraus und will daher *führen*? Muß sich einer der Gesprächsteilnehmer anstrengen *mitzukommen*, um den Anschluß nicht zu verpassen? In einem solchen Fall würde es auf der emotionalen und sprachlichen Ebene häufiger zu Unstimmigkeiten kommen. Wer also täglichen Um*gang* miteinander hat, sollte häufiger einen Spaziergang einplanen! Kritische Themen lassen sich so ein*gehender* besprechen.

1847 schrieb Sören Kierkegrad in seinem Brief an Jette: „Verlieren Sie vor allem nicht die Lust dazu, zu gehen: ich laufe mir jeden Tag das tägliche Wohlbefinden an und entlaufe so jeder Krankheit; ich habe mir meine besten Gedanken angelaufen, und ich kenne keinen, der so schwer wäre, daß man ihn nicht beim Gehen loswürde …beim Stillsitzen aber und je mehr man stillsitzt, kommt einem das Übelbefinden nur um so näher … . Bleibt man so am Gehen, so geht es schon." Oder J.G. Hamann: „Wenn ich meine Füße ruhen lasse, hört auch mein Kopf auf zu funktionieren."

Abbildung 15: Ein starker Auftritt mit Forderung nach Anerkennung.

Abbildung 16: Ein starker Auftritt in Verbindung mit großen Schritten: Das ist auch das Handeln und Denken dieser Person.

Abbildung 17: Die Person mit den kleinen, flachen Schritten braucht viele Denkschritte.

Abbildung 18: Der kleine Schritt verrät, daß diese Person nicht risikobereit ist.

50

Abbildungen 19 bis 21: Der schmale Gang – wie ein Seiltanz – signalisiert meist das Bedürfnis nach Unterstützung und starker Begleitung.

Abbildung 22: Gewagt und mit großen Schritten geht dieser Mann seine Absichten an – er ist aber in seinen Handlungen blockiert, wie Hand- und Armhaltung zeigen. *46*

Abbildung 23: Er handelt nicht selber – er läßt handeln. Dazu braucht er seine Hände nicht mehr und steckt sie weg. *47*

Abbildung 24: Er plant und schreitet zur Tat. Aber sein Gefühl scheint nicht damit einverstanden.

3. Sitzpositionen und -ordnungen

Die äußere Haltung und der Gang eines Menschen spiegeln seine innere Haltung, seinen Gang durchs Leben, seine Persönlichkeitsmerkmale wieder. In Kommunikationsituationen ziehen wir es vor, eine Sitzhaltung einzunehmen und uns diverser Sitzmöbel zu bedienen. Diese können dann in unterschiedlichen Ordnungen ge- und benutzt werden. Hier drücken wir eher aktuelles seelisch-geistiges Geschehen mit dazugehörigen Einstellungen zueinander aus.

Von Natur aus ist der Mensch eher ein Hocker als Sitzer. Als Kleinkinder verbringen wir noch Stunden in hockender Haltung am Boden, ohne körperliche Beschwerden zu empfinden. Tun wir dies in fortgeschrittenem Alter, so erkennen wir sofort zwei Phänomene: Schnell schmerzt die Kniekehle, und die Ferse läßt sich nicht immer in Bodenkontakt bringen. Wir fühlen uns in dieser „unterlegenen" Situation meist unwohl. Übersetzt heißt dies, daß wir eine hundertprozentige Beugung und Demutshaltung einnehmen, die sich mit unserem inneren Empfinden nicht deckt. Der Körper signalisiert daher stellvertretend für die Seele den Schmerz einer solchen, unserer sonst so starren, unbeugsamen und erhabenen Haltung entgegenwirkenden Stellung.

Hochstehende, erhabene Menschen bedienten sich in früheren Zeiten einer entsprechenden Sitzgelegenheit, um ihre Stellung jedem deutlich zu machen: Der Thron mit seinen übergroßen Maßen und besonders erweiterten Kopfbereichen sollte der inneren Größe und Überlegenheit schon von weitem sichtbaren Ausdruck verleihen.

Nur scheinbar sind diese Zeiten vorbei. In so manchem Unternehmen gibt es auch heute noch festgelegte „Stuhl-Rang-Ordnungen", die strikt eingehalten werden müssen. Dem einfachen Abteilungsleiter steht nun einmal, analog zu seiner Position im Ranggefüge des Organismus Firma, kein ledergepolsterter dreh- und fahrbarer, mit hohem Kopfteil ausgestatter Sitz zu. Denn dieser ist, besonders mit der eingebauten Kipptechnik, durch die es gelingt, auszuweichen und Distanz zu schaffen, Sitz des *Oberhaupts*. Wenn der bittstellende Gesprächspartner vor einem überdimensionalen Schreibtisch in einen sehr viel niedrigeren, an den Seiten stark beengenden Stuhl versinkt, der seine Handlungen einschränkt, sind die Positionen bereits im Vorfeld geklärt. Erklären Sie aus solch einer Unterlegenheit dem Überlegenen mit Blick nach oben einmal Ihre neuen Gehaltswünsche!

Aber auch in familiären Situationen hat jeder seinen Platz. Nicht nur aus territoritalen Verteidigungs- und Schutzaspekten (siehe Kapitel „Territorien"), sondern auch von der eben beschriebenen Rangfolge. Als Kind erhalten wir besondere Kindersitze, die uns auf die Höhe der Erwachsenen bringen sollen, statt daß diese sich auf die Ebene der Kinder herab*setzen* und die Kinder dort „abholen". Danach werden wir an die „normalen" Stühle gewöhnt, auch wenn die noch viel zu kurzen Beine uns jeden Bodenkontakt und damit Realitätsbezug unmöglich machen. Kein Wunder, daß sich Pubertierende wieder dem Boden (der für sie wichtigen Tatsachen) nähern und am liebsten auf der Erde hokken. Und wenn Vater dann womöglich aus „seinem" Lehnstuhl (kleiner Thronersatz!) darüber lamentiert, sind auch hier die Fronten unüberwindbar. Näherung hieße schließlich, daß einer sich herablassen oder der andere hinaufkommen müßte, um auf eine gleiche (geistige wie sprachliche) Ebene zu gelangen. Wie wäre es mit der Mitte?

Sehr aussagekräftig ist auch die Haltung des Körpers auf den Sitzgelegenheiten. Rein technisch gesehen, könnten wir unseren Kampf gegen die Erdanziehungskraft der meist auf vier Beinen stehenden Sitzfläche überlassen und damit unsere Energie in die beabsichtigte Kommunikation stecken. Demnach bräuchten wir auch keine Rücken- oder Armlehnen, ein Hocker würde völlig genügen. (Rückenlehen geben uns aber Rücken*deckung*, und an Arm*lehnen* kann man sich lehnen oder stützen und, sollte das Thema einmal schwierig werden, ersatzweise Halt suchen).

Die Erfahrung zeigt etwas anderes. Jeder Mensch benutzt den gleichen Stuhl immer sehr individuell und sogar in wechselnden Positionen. Wie schon erwähnt, liegt dies nicht an der Qualität des Stuhls, die im Laufe eines Gesprächs nicht verändert wird, sondern an und in der Person selbst und ihrer geänderten Einstellung zum Thema.

Sitzpositionen

Zunächst wählen Männchen und Weibchen in der Regel unterschiedliche Grundhaltungen. Die Weibchen neigen dazu, die Beine eher geschlossen und parallel zu halten, die Männchen zeigen gerne eine breite, geöffnete Beinhaltung. Die Sprache hilft uns wieder bei der Deutung. Ein breitbeinig sitzendes Mädchen wird als unan*ständig* bezeichnet. Dies bezog sich anfänglich auf den damit zugeordneten *Stand* in der Gesellschaft. Saß die Bäuerin breitbeinig, um durch diese Sitzhaltung und den bodenlangen Röcken eine Arbeitsfläche zwischen ihren Oberschenkeln zu schaffen, betonte die feine Dame der Gesellschaft durch das absolute Schließen der Beine beim Sitzen, daß sie nicht mit ihrer Hände Arbeit ihren Lebensunterhalt verdienen mußte. Auch heute scheint die (Arbeits)Stellung noch mit dem Sitzgebaren ein deutliches Signal zu geben. Nur hat sich der Bezug zur Arbeitstätigkeit wohl verschoben. Aus der Bäuerin ist eher die Prostituierte geworden, und welches an*ständige* Mädchen möchte hier schon in Verruf geraten?

Männern hingegen wird, wenn sie es nicht überrteiben, breitbeiniges Sitzen zugestanden. Durch eine Sitzhaltung mit auf 90 Grad gestellten Fuß-, Bein und Hüftgelenken und entsprechender paralleler Beinhaltung zum Beckenstand, würde der Genitalbereich in den Hintergrund gerückt. Um dieses wieder gutzumachen, werden die Beine geöffnet und, wenn nötig, das Becken leicht vorgeschoben. Wir finden hier also den Ausdruck eines archaischen Imponiergehabes wieder.

Besonders bei Jungmännchen, die sich ja noch in diesem Gebaren üben müssen, kann man oft das Rücklingssitzen auf Stühlen beobachten. Hier wird das – sicher auch körperlich wie seelisch-geistig gefährliche – Beinspreizen mit entsprechender Rückendeckung (des Stuhls) erprobt. Die älteren Männchen könnten sich schon herausgefordert fühlen und angreifen und die Weibchen über die ersten Imponierversuche lächeln. Und so etwas täte der Seele eben weh und wird daher körperlich, praktisch und prophylaktisch abgesichert: dem Stuhl tut der mögliche Angriff nicht weh, und es *trifft* nicht! Allerdings soll dieses Verhalten auch noch bei über Vierzigjährigen zu beobachten sein. Dann ist hier in der Entwicklung wohl etwas schiefgegangen ...

Für beide Geschlechter gelten dann folgende, oft zu beobachtende Sitzpositionen:

✳ Beine übergeschlagen

Für die Übersetzung ist entscheidend, welches Bein Kontakt zur Erde hat (Standbein, Erdung) und welches freien Spielraum hat (Spielbein). Mit der Erdung rechts drücken wir einen eher rationalen Standpunkt zum Geschehen aus, mit dem Standbein links einen eher emotional orientierten. Die weitverbreitete Meinung, daß sich durch das Überkreuzen der Beine hin zum Gesprächspartner oder weg von diesem eine Zu- oder Abneigung deuten läßt, kann ich nach meinen Beobachtungen nur im „Paarbindungsverhalten" bejahen. Bei persönlichen und geschäftlichen Gesprächen hat meiner Erfahrung nach die eigene Ein*stellung* Vorrang.

✳ Fußbewegungen

Die Bewegungen in den jeweiligen Spielbeinen geben weitere Hinweise. Ein leichtes Zucken im Fuß zeigt ein momentanes Unverständnis („Dieses Argument mag ich nicht"). Tritt eine höhere Spannung im Fuß auf, so daß der Fuß hochsteht, sprechen wir von einer Bremse. Das Gehörte oder auch selbst Ausgesprochene wird wahrhaftig ausgebremst. Bei drehenden Bewegungen des Fußes um*kreist* der Betreffende die eben gesagten Punkte. Kippen dagegen die Füße nach außen weg, dann ist der Bezug zur Realität verloren gegangen (so lügt es sich auch leichter!). Beobachten Sie einmal Kinder, wenn sie bewußt versuchen, die Wahrheit anders darzustellen. Der Boden der Tatsachen wird entzogen oder ist verloren gegangen. Ganzbeinbewegungen, wie wippen und zittern, die gerne als Nervosität beschrieben werden, zeigen tatsächlich eine nervale Reizung. Die Situation wird nähere Auskunft geben können, ob und warum hier jemand motorische Bewegungsenergie freisetzt und damit eigentlich weglaufen möchte. Stehen die Füße dabei noch in Schrittstellung, und das Gesäß wird ansatzweise kurz erhoben, ist die Flucht aus der Situation quasi schon vollzogen. Hier sollte spätestens das Bewußtsein wieder eingreifen und die Sache vorerst beenden. So kann eine sinnvolle Kommunikation sowieso nicht mehr stattfinden.

✳ Fernsehhaltung

Streckt hingegen jemand seine Beine beim Sitzen weit von sich und liegt schon nahezu, so ist auch hier nur schwer ein Sich-Stellen im Gespräch möglich. Die Füße haben keinen Bodenkontakt, das bedeutet, der Bezug zu den Tatsachen fehlt. Die liegende Haltung erinnert an die Schlafstellung, in der wir uns äußerst sicher fühlen. Der weit nach hinten reichende Oberkörper verschafft Distanz, da das Empfangsorgan für Empfindungen, der Solar Plexus (Sonnengeflecht), außerhalb der normalen (Kommunikations)Reichweite ist. Die verbalen Antworten auf etwa gestellte Fragen können den Fragenden da schon einmal zur Weißglut bringen, bekommt man doch keine wirklich konkrete Aussage. Ein bewußter Beobachter und Wissender versucht daher in dieser Lage gar nicht erst, wichtige Gespräche zu führen. Der andere nimmt doch alles nur als Film auf, an dem er nicht unmittelbar beteiligt ist (daher der Name Fernsehhaltung). Erst eine Veränderung der körperlichen Lage führt auch zur geistigen Einstellungsänderung. Werden Sie in einem solchen Falle also kreativ, und lassen Sie sich etwas einfallen, um den anderen zu bewegen – körperliche Bewegung zieht die seelisch-geistige nach!

Diese häufig zu beobachtenden Sitzpositionen sollen eine Anleitung darstellen, wie Sitzhaltungen zu deuten und zu übersetzten sind. Bei der Fülle der möglichen Varianten in der Zusammensetzung von Fuß-, Bein- und Oberkörperhaltung ergeben sich immer wieder neue Deutungen für die jeweilige Person und Situation. Es würde den Rahmen dieses Buches sprengen, hier alle aufzuführen. Sie können, wenn Sie wollen, jede Variante selbst erarbeiten. Beschreiben Sie nur das, was Sie sehen, mit klaren, einfachen Worten. Die ursprüngliche Körperfunktion für bestimmte Körperbereiche gibt dann zusätzlich in ihrer Benennung noch weitere nützliche Hinweise. Üben Sie, und vermeiden

Sie die Deutung einzelner Bereiche, dann wird Ihnen jede Situation und Person klarer erscheinen.

Sitzordnungen

Wie schon zu Beginn dieses Kapitels erwähnt, drückt die gewählte Sitzordnung auch etwas über die Grundvorauss*etzung* der Gesprächspartner aus. Wie der Verlauf und das Resultat eines Gesprächs sein werden, hängt vielfach von der gewählten Position der Stühle und den darauf sitzenden Menschen ab. Hier einige grundlegende Sitzordnungsmodelle und deren Konsequenzen für die Ausgangslage und Stimmung während eines Gesprächs:

✳ **Konfrontationshaltung**

Sitzen sich die Gesprächsteilnehmer direkt in Konfrontation gegenüber (vis-à-vis), gibt es nur zwei Möglichkeiten: Entweder man ist sich einig – die Fronten stimmen überein –, oder man ist unterschiedlicher Auffassung – die Fronten treffen unweigerlich aufeinander. Im ersten Fall ist das Gespräch schnell beendet, und beide Personen fühlen sich wohl. Im zweiten Fall kommt es zu einer Auseinder*setzung*, der Kampf bestimmt Wortwahl und Stimmung, und es gibt einen Sieger und einen Verlierer. Diese Haltung – sowohl geistig als auch im Sitzverhalten – ist uns meist sehr vertraut, und wir fühlen oft gar nicht mehr, mit welchen Spannungen wir uns schon hinsetzen. Machen Sie einmal den Versuch, nur die Sitzhaltung auszuprobieren, ohne ein Gespräch zu führen. Erst das Fehlen der verstandesorientierten Sprache macht uns unsere Gefühle wieder bewußt.

Diese *Gegenüber*stellung der Kontrahenten und Meinungen können wir auch in der Standhaltung nachvollziehen. So läßt es sich auch besser streiten. Analog zur seelisch-geistigen Ebene decken wir unsere Flanken und teilen mit den Fäusten aus. Die Treffer führen dann zu einem Punktgewinn – schauen Sie sich einmal einen Boxkampf an, und vergleichen Sie die verbale Ausdrucksform bei der Schilderung eines Konfrontationsgesprächs. („Schlag ins Gesicht", „in die Seite gefallen",

„Volltreffer", „Hieb unter die Gürtellinie", „Schlagabtausch", „an der Schwachstelle erwischt", „nur leichte Verletzungen/Verluste davongetragen" usw.)

Unsere heutige Sprachgewalt und das Ausleben von Konfrontationen unterscheidet sich nicht wesentlich von der körperlichen Gewalt beim Kämpfen zweier physischer Gegner.

✳ Über-Eck-Sitzordnung

Die Astrologie spricht bei einer Planetenstellung von 120 Grad von einem Trigon, welches sich harmonisch auswirkt. Eben dieser Winkel in der Sitzhaltung zweier Menschen zueinander wird auch eine entsprechende Harmonie hervorbringen. Dabei müssen nämlich beide Gesprächspartner, um Blickontakt haben zu können, sich körperlich zu*neigen* und einander zu*wenden*. Dasselbe geschieht dann auch auf der seelisch-geistigen Ebene. Hinzu kommt, daß jeder Partner – und das sind sie in dieser Sitzposition wirklich – eine seiner Flanken aufdecken und sich damit verletzbar zeigen muß. Würde einer den anderen also angreifen, dann würde er durch diese *Handlung* auch sich selber in der Flanke öffnen und entsprechend verletzbar machen. Der *Gegenhieb* würde ihn sofort wiedertreffen. Also eher wohlwollend und fragend, statt angreifend und feststellend verbalisieren und körpersprachlich handeln. Das verbale Verhalten ergibt sich übrigens zwangsläufig, wenn Sie Ihre Sitzordnung so wählen. Es bedarf keines bewußten Umschaltens in der Sprachwahl. Die wird automatisch hervorge*rufen*. Probieren Sie es am eigenen Leib einfach einmal aus.

Diese Sitzordnung hat jedoch auch eine Kehrseite der Medaille. Ein Partner muß seine emotionale Seite *offen*baren, der andere seine rationale. Einem souveränen und ausgeglichenen Menschen ist es möglich, auf Schutzsignale seines Partners für eine bestimmte Seite (meist die der emotionalen) einzugehen. Er bedrängt diese „schwache" Seite nicht noch zusätzlich, indem er sich auf diese Seite setzt. Haben beide Partner ähnliche Schutzbedürfnisse, wird diese Sitzordnung nicht unbedingt zum oben beschriebenen, harmonischen Gespräch führen. Es gehört eine Menge Vertrauen dazu, und dies muß erst einmal geschaffen werden.

✳ Ehepaarstellung

Wie haben Sie gesessen, als Sie das letzte Mal ein Rendezvous hatten? Wahrscheinlich in der Konfrontationshaltung, möglichst an einem kleinen, leicht zu überbrückenden Tisch (der Tisch steht symbolisch für die geistige Handlungsebene). Hier paßt es, daß die Fronten geklärt werden. Stimmen sie weitestgehend überein, ist man ein Paar! Spätestens vor dem Standesbeamten nimmt man dann zum ersten Mal die sogenannte Ehepaar-Sitzhaltung ein: Man ist sich einig, zeigt dies durch Schulterschluß und kann fortan gegen andere gemeinsame Front machen. Das bedeutet aber auch, daß eine wirkliche, ausführliche Kommunikation in dieser Sitzhaltung nicht mehr stattfinden kann. Man beschränkt sich auf kurze Verständigungskürzel, die oft sogar rein mimischer und gestischer Natur sein können (Gehen wir?–Kopfbewegung in Richtung Tür). Bei privaten und geschäftlichen Gesprächen sollten sich nur echte Partner, die vorab ihre Übereinstimmung geklärt haben, in diese Sitzhaltung begeben, um gegen andere gemeinsam ihre Argumente zu vertreten. Zu eingehender Klärung bestimmter Punkte würde aus dieser Sitzhaltung heraus zumindest der Körper in Richtung 120-Grad-Stellung bewegt oder gar der gesamte Stuhl verrückt. Damit ist die Situation und inhaltliche Position eine andere und für ausführliche Kommunikationszwecke eine sinnvollere.

✳ Vor-Kopf-Position

Hier braucht nicht viel gedeutet zu werden: Das *Oberhaupt* hat natürlich den Vor*sitz*, es steht einem Gespräch, der Tafelrunde, der *Sitzung* oder der Familie vor. Diese Position ist besonders sicher, wenn die Flanken, die rationale wie die emotionale, auch noch von treuen Anhängern geschützt werden. Unliebsame Teilnehmer sollten möglichst weit weg sitzen, damit sie mit ihren Einwänden gar nicht vordringen können. Potentielle Streithähne sollten sich entweder, falls es erwünscht ist, daß gestritten wird, in Konfrontation gegenüber sitzen oder in der Ehepaarstellung, gut eingekeilt von Tischnachbarn (so können sie sich nicht in andere Sitzpositionen bewegen), falls das Oberhaupt Harmonie anstrebt. Das lange Tüfteln an Sitzordnungen zu gesellschaftlichen Anlässen hatte schon in früheren Zeiten seinen guten Grund und sollte auch in unserer rationalen Welt wieder Einzug finden. Wer *vorsieht*, hat später nicht das *Nach*sehen, wer selber plant, der wird nicht verplant.

✳ Tisch-Runde

Ein gutbesetzter, runder Tisch, an dem die Stühle wissend ausgerichtet werden, bringt nur gleichwertige Partner an die (Ver)Handlungsebene, an den Tisch! Die Positionen von Konfrontation und Ehepaarstellung können vermieden werden. Nicht zuletzt deshalb wird bei vielen politischen Gesprächen von Round-table-Gesprächen geredet. Achten Sie jedoch auch hier auf die gegenteilig gesprochenen Worte und tatsächlichen Gegebenheiten. Oft sitzt das Plenum oder die breite Masse in einem Rund (Zusammenschluß aus dieser Sitzordnung wird unterbunden), das Präsidium sitzt aber weiterhin als geschlossene Front da*gegen* und gibt nur Brustbilder und Worte im *Brustton* der Überzeugung von sich. Die wahre Einstellung, einzusehen an Fuß- und Beinstellungen, wird meist durch abschirmende „Gardinchen" in diesem Bereich ver*schleiert*. Wird so von Gemeinsamkeit gesprochen, ist wohl eher gemeint, daß der *Vorstand* oder die Vor*sitzenden* das Sagen haben (wollen) und werden.

4. Gestik

Beschreibende Gestik, Redeergänzung, vereinbarte Zeichen

Um diese Welt zu begreifen, benutzen wir unsere Werkzeuge: die Hände in Verbindung mit den Armen. Den Be*griffen Hand*werker, *Handfertigkeit*, Unter*händler* entspricht dann auf geistiger Ebene die Ver*handlung*.

Immer wenn wir mit dem Mund Gedanken ausdrücken, bewegen sich die Hände mit. Oft nur unmerklich in der Veränderung, manchmal mit großräumigen Bewegungen. Die einfachste Form der Darstellung ist dabei die beschreibende Gestik. Versuchen Sie einmal, jemandem ohne Zuhilfenahme der Hände und Arme eine Wendeltreppe zu beschreiben! Ihre Worte werden kaum zur Erklärung ausreichen. Eher gelingt die Zeichnung des Gegenstandes mit den Händen und Armen in den Luftraum. Da wir bildlich denken, fällt es dann jedem leichter, dieses vereinfachte Bild auch in der Realität wiederzuerkennen. Je mehr wir jedoch im Laufe unseres Lebens dem rationalen, sprachgesteuerten Bereich Raum geben, um so mehr verarmt unser bildhafter Kommunikationsanteil durch die beschreibende Gestik.

Schauen Sie sich auch hier einmal Kinder an, denen noch ein umfangreicher Wortschatz fehlt. Mit Füßen und Händen werden da Erlebnisse übermittelt, und selbst wer die Worte nicht versteht, versteht den Hergang. Daher reagieren Kinder in Erklärungen auch eher auf den bildhaften Anteil und viel weniger auf den rein verbalen. Um etwas zu begreifen, braucht jeder Mensch den bildhaften und sprachlichen Anteil, sonst können wir uns kein Bild von dem Neuen machen. Daher greifen wir dann auch gern zu Papier und Bleistift, wenn eine Erklärung mit reinen Worten zu schwierig wird. Unser natürliches Werkzeug haben wir jedoch immer dabei. Wären da nicht die alten Elternbotschaften, „Red doch nicht mit Händen und Füßen", „Drück dich doch bitte wie ein ordentlicher Mensch mit Worten aus", würden wir diese auch grundsätzlich verwenden. Aber auch die im Flankenschutz betriebenen Vorsichtsmaßnahmen vor erneuten Verletzungen (siehe Kapitel „Haltung") steuern ihren Behinderungsanteil bei. Da verkümmern die Bewegungen, verursacht durch ein ständiges Anspannen der Oberarme an den seitlichen Körper. Keine freie Gestikulierung im zur Verfügung stehenden und zustehenden Raum, der durch die Schulterbreite bestimmt ist. Ein Überschreiten dieses Maßes würde einen Angriff in das Territorium des anderen darstellen und sollte wohl ursprünglich mit den Elternaussagen verhindert werden. Besonders für Vorträge und zur Veranschaulichung von Gesagtem sollten wir uns der vielen bildhaften Möglichkeiten, die uns unsere Hände und Arme bieten, nicht berauben. Denn wir verzichten dadurch auf verständliche Kommunikation und produzieren unnötige Mißverständnissse.

In der Redeergänzung durch die Beteiligung von Händen und Armen liegt bereits eine Mischung. Sprechen wir von einer Sache oder einer Situation, können wir Details durch entsprechende Erklärungen der Gestik einfügen. „Ich habe mir einen Tisch gekauft" in Verbindung mit einer kreisförmigen Bewegung der Hände in etwa 50 Zentimeter Höhe läßt erkennen, um welche Art von Tisch es sich handelt. Viele Worte wären nötig, um alles genauestens zu beschreiben – und dann hat doch noch jemand ein anderes Bild im Kopf. Sprechen wir von dem gleichen Bild, indem wir es sehen, können wir auch darüber reden. Sonst spricht jeder von seiner eigenen Realität!

Selbst am Telefon sprechen viele Menschen mit den Händen, ohne daß der andere sie sehen kann. Jedoch liegt hier ein Trugschluß vor. Von jedem Gesprochenen machen wir uns ein inneres Bild, sogar vom Sprecher selbst. Steht man dann einem Menschen nach längerem Telefonkontakt einmal persönlich gegenüber, ist das innere Bild so klar geprägt, daß die Ent*täuschung* folgen muß: Ich habe mir Sie ganz anders vorgestellt! Wie schwierig ist es doch, zu telekommunizieren. Glauben wir doch, genau das verstanden zu haben, was der andere gesagt und gemeint hat. Ohne nähere, non-verbale Informationen muß da ein Großteil der Information ausgedacht werden.

In unserer multikulturellen und schnellebigen Zeit kann es passieren, daß wir ein für unseren Kulturkreis definiertes, vereinbartes Zeichen verwenden und dadurch den größten Ärger verursachen! Das Zusammenlegen von Daumen und Zeigefinder zu einem Kreis, hochgehalten und zum anderen gedeutet, heißt im amerikanischen Herkunftsbereich „Alles O.K.". Ein Deutscher wird nach dieser Äußerung schwer gekränkt sein und den Kontakt bis auf weiteres abbrechen. Das wiederum stößt dann beim Verursacher auf Unverständnis ...

Wüßte man, daß dieser Mensch dies Zeichen als „Arschloch" verstehen mußte, da es für ihn so definiert ist, könnte man ihn sicher besser verstehen. Oder die Boris-Becker-Faust: Beim Tennisstar bedeutet sie Freude über einen gelungenen Ballwechsel, bei anderer Gelegenheit oder aus dem zugehörigen Rahmen gerissen, zeigt sie Aggressivität und stellt eine Drohgebärde dar.

Störungen auf dieser Verständigungsebene geschehen in Sekundenschnelle und sind oft nicht mehr bewußt nachvollziehbar. Achten Sie einmal auf ihre unbewußten Zeichen, die Sie geben, und machen Sie sich deren Bedeutung klar. Beim Kontakt mit anderen Kulturgruppen sollten wir daher zunächst ganz darauf verzichten, um Mißverständnisse und Ärgernisse zu vermeiden.

Im Folgenden ein kleine Liste der häufigsten gestischen Haltungen und deren Deutung.

Gestik der Arme

✳ Verschränkte Arme im unteren Bauchbereich ohne Spannung in den Händen und Schultern: Aktive Zurücknahme des eigenen Kommunikationswunsches, Hinhören!

✳ Verschränkte Arme vor dem Solar Plexus mit hochgezogenen Schultern: Aktive Zurücknahme der eigenen Kommunikation unter Spannung, keine Annahme von Argumenten mehr!

* Bewegung der Oberarme und Hände im Raum: Selbstverständliches Vertrauen, Geben und Nehmen.

* Ellenbogen seitlich eingestützt, Hände offen: leichte Betroffenheit, Schutzmaßnahme, mögliche Gegenwehr durch Gegenargumente. Bei einer Faust: Aggressionssignal! Spricht jemand selbst und stützt dabei seinen linken Arm seitlich ein, möchte er keine Gegenrede, die ihn gefühlsmäßig treffen kann; er erwartet sie bereits!

* Offene Handflächen: Durch Offenbarung der inneren, sensiblen Handinnenseite Signal der Offenheit, Sensibilität und Ehrlichkeit.

* Verdeckte Hand: Verbergen der sensiblen Seite, gleichzeitig Verbergen von Absichten und Handlungen, Schutz der Empfindungen und Gefühle. Rechte Seite verborgen: Wegstecken der rationalen Handlungsebene; linke Seite verborgen: emotionale Seite zurück-, weggesteckt.

* Verschlossene Hand: Etwas begreifen wollen, überlegen. Bei Reiben der Fingerspitzen aneinander: Sensibilisieren (für ein Argument), Details erfühlen. Bei starker Anspannung: Halt suchen (möglich auch auf Gegenständen, wie zum Beispiel der Tischkante oder Armlehne).

* Geballte Faust: Aggressionskompensation auf körperlicher Ebene. Auch die berühmte Faust in der Tasche: Hier heißt es, die Emotionen lieber sprachlich als körperlich freizulassen.

* Pistole: Meist mit Zeigefinger und Daumen dargestellt heißt: „Ich weiß es besser und will es am liebsten sagen." Warnung: Hier möchte gleich jemand los*schießen*!

* Pyramidenhaltung: Berührungspunkte (Fingerspitzengefühl, Übereinstimmung der beiden Seiten) werden sensibel gesucht!

* Nacken reiben: Unbehaglichkeiten, Lasten sollen weggeschoben werden!

* Hand-Kopfbewegungen: Bedeutung je nach Finger und Berührungsstelle im Gesicht.

Die Bedeutung der einzelnen Finger ist besonders aufschlußreich. Gibt es bei den Füßen oft technische Einsichtsschwierigkeiten, so lassen sich die eigenen und die Finger der Gesprächspartner oft gut beobachten. Hier die Zuordnung für die einzelnen Finger, die jedoch auch nie allein zu einer Gesamtaussage benutzt werden sollten:

* Daumen: Willens- oder Dominanzfinger. Steht für Ich-bezogene Aktionen und Reaktionen. Hinter Hosenträgern oder am Revers herausgestellt macht immer aufmerksam – oft auch mit lauter Sprache und deutlichem Auftreten verbunden. Werden hingegen die Daumen in der Hand versteckt, werden die eigenen Wünsche und Bedürfnisse auch zurückgesteckt. So kann man sich besser für die Erfüllung der Wünsche (Dominanzen) anderer hergeben.

* Zeigefinger: Als nervlich sensibelster Finger ist dieser Bereich zuständig für das Thema Detailwissen und Gedankenmobilität. Immer wenn wir etwas wissen oder gerade besonders aufmerksam und angestrengt denken, kommt dieser Finger unter Anspannung und wird oft exponiert. Daher auch das „Achtung"-Signal, bevor wir etwas formulieren. Leider hat sich bei uns dieser Fingerzeig zu einer unangenehmen Dominanzwaffe entwickelt: Weiß ich etwas besser, kann ich dadurch mein Selbstwertgefühl erhöhen, indem ich den anderen herabsetze, da er es ja nicht oder falsch weiß. Wissen ist Macht über andere! Gerade die körpersprachliche und sprachliche Ausdeutung der Dummheit des anderen führt dazu, daß dieser, sei der Rat oder das Argument noch so gut gemeint oder richtig, diese aus seiner Unterlegenheit nicht wirklich annehmen kann. Eher nickt er und vergißt das Thema schnell wieder. So kann er der Bedrohung durch den Zeigefinger und der inhaltlichen Demütigung am besten entrinnen. Oder man sinnt auf unbewußte Racheakte und vergißt, daß man den anderen an etwas erinnern wollte. Nun sind die beiden wieder quitt – doch keiner weiß, daß ein kleiner (Zeige-)Fingerzeig hier die Ursache der Störung war.

Unsere Eltern sorgten schon früh dafür, daß wir es auf diese Weise dem anderen nicht zeigen sollen: „Man zeigt nicht mit nacktem Finger auf angezogene Leute", hieß es da. Und so hat man später dieser Elternbotschaft gehorcht und durch den Ersatzzeigefinger in Form von Kugelschreibern, Pfeifenenden oder Brillenbügeln doch seiner – inneren, unbewußten – Neigung zur Besserwisserei und persönlichen Aufwertung Raum gegeben. Statt dem Zeigefinger können wir in jedem Fall die offene Hand verwenden: die Sprache ändert sich sofort! Wir können nicht mehr befehlen; würde doch die Rückantwort uns analog verletzten. Beim erhobenen Zeigefinger schließen wir die Hand, die, zieht der Zeigefinger noch nach innen, zur Faust wird. Der Rat*schlag* wird nur zu deutlich.

✳ Mittelfinger: Lebenseinstellungs- oder Selbstverwirklichungsfinger. Betroffenheiten im Selbstwertgefühl eines Menschen lassen sich durch analoge Selbstberührungen (Beruhigungen, Streicheleinheiten) wieder gutmachen. Als Verursacher sollten Sie dieser Verletzung auf den Grund gehen.

✳ Ringfinger: Gefühlsfinger. Nicht zuletzt wegen der Kopplung zum Gefühl tragen hier die meisten Menschen ihr Paarbindungssignal in Form des Freundschafts- oder Eheringes! Im aktiven Gespräch hat dieser Finger eher eine passive Rolle und wird mit Selbstberührungen auffällig gemacht.

✳ Kleiner Finger: Steht für Objektivität oder wird als Gesellschaftsfinger bezeichnet. Früher war er ein Zeichen von angeblicher Vornehmheit, wenn er abgespreizt wurde. Lange Fingernägel am kleinen Finger zeugen noch immer vom gesellschaftlichen Aufstieg (es muß nun nicht mehr mit den eigenen Händen gearbeitet werden), und auch der Familien- oder Wappenring auf diesem Finger möchte Aufmerksamkeit und Anerkennung für die Tradition, die dahintersteht.

Betonungen durch Ringe auf den jeweiligen Fingern geben detaillierte Auskünfte über das dahinterstehende Thema und verstärken die Kompensation ins körperliche Geschehen. Wer sich nicht zutraut, seelisch-geistig zu seinem Wunsch nach Anerkennung einzutreten und dies arti-kuliert, der findet dann den passenden Schmuck auf dem entsprechen-den Finger „schön". Wird dieses Signal beantwortet, durch den betref-fenden Menschen oder andere, kann das Thema bewußt werden und der Ersatzausdruck wird irgendwann nicht mehr gebraucht. Der Ring bleibt einfach liegen, man vergißt ...

5. Mimik

Das Wort Mimik wird in Zusammenhang mit Gebärden- und Mienenspiel eines Schauspielers gebraucht. Es findet sich auch in Mimikry, was Schutzfärbung oder Anpassung bedeutet, wieder. Unsere Gesichter sind also Ausdrucksbereich für die Bühne unserer Gedanken, Gefühle und Absichten. Selten ist das Gesicht, das wir zeigen, unser wahres. Immer gilt es doch, das Gesicht nicht zu verlieren! Hier steht Angst im Hintergrund und macht uns zu Schauspielern und Maskenträgern, um nicht unsere wahre Befindlichkeit zu offenbaren, sondern lieber das Gesicht zu *wahren*. Das falsche Lächeln, gute Miene zum bösen Spiel machen, sind die unehrlich nach außen dargestellten Gemütszustände der heutigen Zeit, die mit unseren eigentlichen, inneren Gemütsverfassungen nichts mehr zu tun haben. Für jeden Anlaß haben wir uns im Laufe der Zeit das passende (Alltags- wie Sonntags-)Gesicht zugelegt. Mit Schminke, falschen Wimpern, bunten Haftschalen in den Augen bis hin zur Schönheitsoperation lassen sich dann die Gesichter noch in die gewünschte Form bringen und verschleiern immer weiter unsere wahre Identität. Und wehe, jemand wagt es, am Lack zu kratzen oder gar die Maske zu lüften!

Die Physiognomie, die Lehre der Gesichtsformen und deren zugehörige Charakterbilder, gibt eine Fülle von trefflichen Deutungen für die verschiedenen Erscheinungsformen. Ein weitergehendes Studium lohnt sich sicher (vgl. Literaturverzeichnis).

Egal, ob es sich nun bei den mimischen Ausdrücken um den Versuch handelt, etwas noch nicht Vorhandenes vorzugeben, oder ob es sich tatsächlich um eine Äußerung der vorhandenen Innerlichkeit handelt, die Mimik entscheidet über unsere erste persönliche Einschätzung. In einem Augen*blick* sagen uns die Augen eines Menschen mehr als tausend Worte. Die im Laufe des Lebens gravierenden Ereignisse furchen sich, meist unliebsam vom Betroffenen betrachtet, deutlich für jeden sichtbar in die Haut ein. So tragen wir dann schlußendlich doch noch unsere ehrliche Haut zu Markte.

Um die körpersprachlichen Erscheinungen von Mimik zu übersetzen, können wir uns einmal mehr an der physiologischen Ebene orientieren und diese auf die seelisch-geistige übertragen.

Analog zur physischen Nahrungsaufnahme verläuft auch die geistige. Zunächst sehen wir einen Apfel an, den wir vielleicht essen wollen. Der Anblick eines Menschen und die Zuordnung der möglichen (genießbaren oder unverdaulichen) Inhalte entspricht diesem Vorgang. Werden die Augen weitgestellt, sollen alle Information aufgenommen werden, Interesse herrscht vor. Bei zusammengekniffenen Augen wird geprüft und noch abgewogen.

Nach der Be*sicht*igung folgt die nächste Stufe: das Be*greifen.* Stellt sich hier ein befriedigendes Ergebnis heraus – der Apfel fühlt sich fest und reif an –, dann wird mit dem Riechsinn eingehender geprüft. Bei fremden Speisen, die uns vorgesetzt werden, tun wir das instinktiv. Ebenso prüfen wir einen Menschen oder eine Sache eher unbewußt mit der Nase. Die Finger sensibilisieren durch Reiben, Streichen oder Zupfen der Nase, um festzustellen, ob die Sache stinkt oder angenehm ist. „Ich kann dich nicht riechen", weiß der Volksmund dazu zu sagen. Ist in dieser Phase ein positives Prüfergebnis erfolgt, kommt der alles entscheidende Biß. Die Aufnahme der Nahrung/Information erfolgt und kann nun Gutes oder Übles bringen. Das Öffnen des Mundes bei Informationsaufnahme und die angedeuteten Kaubewegungen (Zerkleinern und Schluckgerechtmachen der Informationen) steht dahinter. Sollte nun doch ein schlechter Gechmack entstehen („Die Sache schmeckt mir nicht"), gibt es noch eine Notbremse. Der Apfel/die Information wird wieder ausgespuckt! Kinder machen dies noch sehr ursprünglich, indem sie einfach die Zunge – auf der die aufgenommene Information jetzt liegt – herausstrecken und „Bäh" rufen. Erwachsene neigen eher dazu, auch schwer Verdauliches zu schlucken, woran sie dann zu würgen haben und das dann schließlich schwer im Magen liegt. Das „Auskotzen" als letzte Möglichkeit des Rückgängigmachens wird oft viel zu spät und nicht in der Angemessenheit der Mittel vollzogen.

Die sprachliche Analogie ist nirgends so deutlich zu erkennen wie in dieser, letzlich überlebensentscheidenden Handlung der Nahrungsaufnahme in Verbindung zur geistigen Aufnahme. Die daraus entstehenden mimischen Verhaltensweisen werden oft nicht in Worte gebracht und durchlaufen somit den physischen Bereich mit allen verbundenen Beschwerden. Die Achtsamkeit für unsere physische wie auch geiste Nahrung scheint inzwischen sehr gesunken zu sein.

Ein guter Beobachter und Wissender kann in so manchem Gespräch dem Verdauungsprozeß hilfreich sein. Kaut jemand an der gegebenen Information offensichtlich herum, sollte die Zerkleinerung durch erneute, kleine (Denk-) Häppchen erleichtert werden. Haben wir dann den Apfel/die Information geschluckt, kann weiter verdaut werden.

Jedes Gesicht spricht Bände – und diese können hier nicht geschrieben werden. Einige immer wiederkehrende Erscheinungsformen, die wie immer zur Vollständigkeit in Zusammenhang mit dem gesamten Menschen und der Situation gedeutet werden müssen, sollen hier aufgeführt werden und Denkanstöße für die Analogieebene sein:

Augen

* Weite Öffnung: begehren, angenehm, interessiert, aufmerksam
* Engstellung: prüfen, unangenehm, skeptisch, abweisend
* Intensiver Blick: fixieren, drohen, Konfrontation, Kampfansage
* Geschlossene Augen: Ermüdung, keine Information mehr aufnehmen können und wollen, Überbeanspruchung
* Blick nach oben: Hilfe erflehen, Anrufen der „höheren Instanz"
* Blick nach unten: Scheu vor Neuem, Vergleich mit bekannten Tatsachen (der Boden um die Füße steht für den bereits bekannten Erfahrungs*raum*)
* Blick in die Ferne: Vorstellung in der Zukunft (in der Ferne liegt die Analogie zur Zukunft)
* Blick abwenden (kurz): Konzentration, Nachdenken, Einordnen und Vorstellen.
* Blick abwenden (lang): Flucht (aus dem Fenster?) auf der geistigen Ebene. Die Kommunikation ist abgebrochen.

Mund

* Weit geöffneter Mund: mächtige Information, Staunen, Überraschung, Überforderung
* Unterkiefer heruntergeklappt: verlangsamtes Denken, der Brocken ist zu groß und kann nicht geschluckt werden (überforderte Kinder beim Fernsehen!)
* Starr geschlossener Mund: nicht annehmen wollen, Starrheit, nicht sagen wollen
* Lippen nach vorne gespitzt: Entscheidungsschwierigkeiten, soll ich öffnen und schlucken oder besser ausspucken?
* Mundwinkel nach oben: wie in eine Schale werden hier die Informationen hineingelegt und sollen alle behalten werden; angenehmer Ausdruck wie bei süßem Geschmack
* Mundwinkel nach unten: Aufgenommenes soll wieder herauslaufen, Ausdruck von saurem Geschmack, man ist sauer
* Lachen: Lachen heißt die Zähne zeigen und damit eigentlich *bissig* sein! Erst in Verbindung mit den Augen, die die Drohung zurücknehmen, heißt Lachen: Ich könnte beißen, tue es aber nicht! Lachen ohne Augenkontaktmöglichkeit ist immer ein aggressives Signal.
* Reste zwischen den Zähnen: Sucht die Zunge im Mund nach imaginären Resten zwischen den Zähnen, fehlen Gedankenstücke, die das Verstehen des Ganzen möglich machen; Überlegung und Suchen
* Zunge über die Lippen: Nachschmecken, nichts von der angenehmen Information (Zuckerkrümel) soll verloren gehen, oft bei Komplimenten zu beobachten, aber auch erotischer Effekt

Nase

* Geblähte Nasenflügel: Empfangen von sinnlichen Informationen, prüfen von angenehmen Gedanken
* Rümpfen der Nase: Die Sache stinkt! Oder einfach nur ein schlechter Geruch im Raum ...

Grundsätzlich kennen wir uns recht gut mit den Deutungen von Mimik aus, da wir zentriert in jedem persönlichen Gespräch hier unser

*Augen*merk haben. Machen Sie einmal einen Test Ihrer Fähigkeiten an folgender schematischer Darstellung. Decken Sie zunächst die Erklärungen ab, und betrachten Sie nur die Bilder. Nennen Sie spontan eine Bezeichnung für Ihre Empfindung. Auch wenn Sie nicht die gleichen Worte wie auf den Untertiteln finden, prüfen Sie, ob Ihre Ausdrücke ähnlicher Herkunft sind. Viel Spaß!

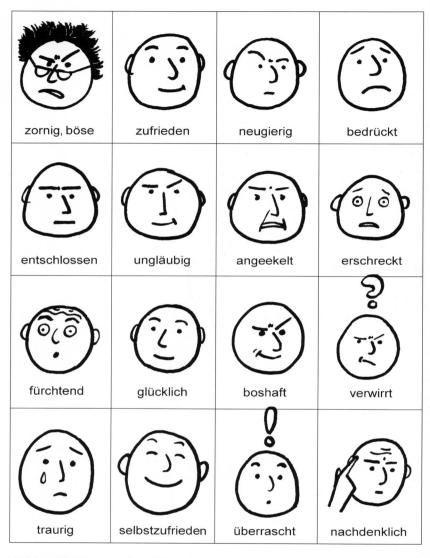

Abbildung 25: Was sagen diese Bilder? Decken Sie die Erklärungen ab, und vergleichen Sie sie dann mit Ihren eigenen.

6. Territorialverhalten

Gebietsmarkierungen, Kampf- und Imponiergehabe beim Gespräch

Das Territorialverhalten ist eine Folge des Überlebenstriebes und in jedem Lebewesen genetisch programmiert, auch beim Menschen. Die jeweiligen Zonen des territorialen Anspruchs zu respektieren heißt, sowohl auf der Gefühls- als auch auf der Sachebene Konsens herstellen und halten zu können.

Unterschiedliche Distanzen und verschiedene Regeln bestimmen das Miteinander von Menschen in Lebensräumen. Die erste territoriale Zone ist der Körper selbst. Berühren, Eindringen, Verwunden sind nicht nur juristisch, sondern in erster Linie archaische Körperverletzungen. Jeder Mensch – egal wie alt er ist! – hat das Recht auf die Wahrung dieser Distanz und den Respekt dafür. Besteht ein Einverständnis („Ja, Sie dürfen mir den Flusen von der Kleidung klopfen" bis zur Operationserlaubnis), darf der Körper des anderen berührt werden. Besteht keine solche Erlaubnis und wird die Zone dennoch verletzt, muß mit Gegenwehr, Aggression oder Rückzug gerechnet werden. Bereits das Füttern (Einbringen und -dringen von Nahrung) eines Kindes gegen seinen Willen ist ein solches Mißachten. Das Gefühl von Schwäche, Respektlosigkeit und Unterordnung kann weitreichende Folgen haben. In jeder Situation sollte darauf geachtet werden, das Gegenüber in seiner freien Entscheidung über seinen Körper zu respektieren. Besser ist es, jemanden zu motivieren, den Zugang freizugeben und Dinge anzunehmen.

Die zweite Zone ist der Bereich, der zum Schutz des Körpers gegen äußere Angriffe benötigt wird. Der ausgestreckte Arm mit Faust ist hierfür die räumliche Abmessung. In diesen Bereich fallen eine Fülle von Kampf- und Imponierverhalten. Bevor man jemanden in diesen Verletzungsbereich einläßt, wird über Blickverhalten (Kraft und Ausdauer entscheiden über Sieg oder Unterwerfung), Aufrichten des Körpers und

Demonstrieren von Kraft und Stärke bis zum Handreichungsritual (siehe Kapitel „Erste Kontaktaufnahme") gemessen, mit welchem „Gegner" wir es zu tun haben. Distanzen, Standhaltungen, Blickkontakte und Mienenspiel sind bei der territorialen Regelung und Begegnung in einem ständigen Dialog.

Die dritte Zone ist der jeweils gewählte Lebensraum, sei es das Büro, die Straßenbahn, das traute Heim, ein Restaurant, Schreibtische oder ein Flugzeug. Hier werden zur Sicherung besonders Gebietsmarkierungen eingesetzt. Eine beispielhafte Darstellung solcher Markierung finden Sie im Kapitel „Familiensituation" geschildert.

Viele unserer Höflichkeitsformen haben einen archaischen Hintergrund. Bereits das Anklopfen an der Tür eines Gesprächspartners soll heißen: „Ich bitte dich um Erlaubnis, dein Territorium betreten zu dürfen." Oder die Frage nach einem, offen*sicht*lich leerstehenden Stuhl: „Sitzt hier schon jemand?" Logisch ist diese Frage nicht, *sieht* man doch die Antwort. Gefragt wird eigentlich: „Hat hier schon jemand seinen Lebensraum markiert?" Setzt sich jemand ohne vorherige Frage auf einen Stuhl, wird ihn der vorhergehende Besitzer auf seine Art auf den Irrtum hinweisen: „Das ist mein Stuhl!" Auch dies ist keine logische Aussage, würde der Stuhl rechtlich vielleicht einem Hotel gehören ...

Erhalten wir in einer Gesprächssituation die Möglichkeit, in einem fremden Territorium als Freund akzeptiert zu werden und damit auch Stuhl und Tisch mit zu besetzen, müssen wir auch hier die Regeln kennen. Ein Tisch wird bei zwei Gesprächspartnern je zur Hälfte zum Eigentum des Benutzers. Deshalb haben Sie bei sich oder anderen auch schon einmal beobachtet, daß Sie mit Blumenvasen, Serviettenhaltern oder Salzstreuern erst einmal „aufräumen" mußten, bevor sich hingesetzt werden konnte. Die Mittellinie des Tisches ist wie eine Demarkationslinie, auf der neutrales Gut plaziert werden darf. Ist diese Grenze nicht exakt ausgerichtet, muß sie korrigiert werden. Die Frage nach der Butter, die im Territorium des anderen steht, folgt den gleichen Gesetzmäßigkeiten. Das einfache Herausholen und damit Eindringen in den Raum wäre eine Art Kriegserklärung. Ähnliches geschieht bei territorialen Übergriffen. Besonders Luftangriffe werden als massive Bedrohung empfunden, da in diesem Raum der Mensch recht unbeweglich und nicht verteidigungsfähig ist. Wie im Kleinen, so im Großen.

Die Gesetze des Respektierens von markierten Räumen müssen überall eingehalten werden, sonst ist die friedvolle Kommunikation gestört, und es gibt aggressive Auseinandersetzungen.

Territorium Zeit und Pünktlichkeit

Wir sprechen von Zeiträumen – und auch hier haben wir territoriale Hoheiten zu respektieren. Jeder Mensch hat einen definierten Lebenszeitraum. Gibt er mit seiner Erlaubnis einen Abschnitt davon frei, und ein Gesprächspartner tut dies seinerseits, sprechen wir von einem Termin. Mißachtet nun einer diese Vereinbarung, indem er zu früh oder zu spät kommt, besetzt er einen anderen, nicht freigegebenen Raum! Die Grundsatzdiskussion über die berühmte Viertelstunde ist nicht besonders ergiebig. Die Störung liegt nicht auf der rationalen, sondern auf der archaischen Ebene und muß auch dort verstanden und geklärt werden.

Wartet jemand auf einen anderen, gibt er diesem den neuen oder erweiterten Zeitraum auch frei. Statt sich zu ärgern und den Ärger dann direkt oder indirekt am anderen auszulassen, gibt es nur eins: entweder, man ist nicht mehr da, wenn die Zeit vergangen ist, oder man wartet und stellt bewußt und mit einem guten Gefühl den neuen Raum zur Verfügung.

Wissensgebiete gehören ebenso zu Territorien. Hat jemand einen Anspruch auf ein Vorrecht in einem bestimmten Wissensgebiet erlangt, darf ein weniger autorisierter Unwissender nur mit Fragen in diesen Bereich eindringen. Fragen zollen den notwendigen Respekt. Hat niemand in einer Gesprächsrunde ein besonderes Recht auf das Thema Atombombe, so redet man, wie es gerade einfällt. Aber wehe, wenn ein unerkannter Professor der Physik am Tisch sitzt. Seine Nachfragen werden schnell sein Vorrecht verdeutlichen und den Redefluß auf die angebrachte Form bringen.

In Verhandlungssituationen und Präsentationen ist das Einhalten dieser Respektsregeln besonders wichtig und entscheidet nicht zuletzt über Erfolg oder Ablehnung. Hier eine bildhafte Schilderung:

In Abbildung 26 (siehe Seite 80) erkennen Sie, daß die Einhaltung dieser Regeln zum gewünschten Interesse, ausgedrückt durch das Vorbeugen des Oberkörpers des Kunden und seinem fragenden Blick, führt. Die offene Handhaltung des Präsentierenden zeigt dem Kunden, daß er dem Angebot trauen kann.

Mißachtendes und eingreifendes Verhalten zeigen hingegen die Abbildungen 27 bis 31. Der Kunde zeigt zunächst noch Interesse, aber sein Zeigefinger am Kinn kritisiert bereits die leichte Überschreitung der Mittellinie des Tisches (Abbildung 27). In seinem Eifer fällt dem Anbieter dies nicht auf, er macht den Übergriff perfekt! Hinzu kommt dann noch sein drohender Besserwisser-Finger. Der Kunde zieht sich körperlich und innerlich zurück (Abbildung 28). Die Annahme des Produkts/Arguments wird so sicher nicht erreicht.

Auch der Versuch, sich Platz für die Unterlagen zu verschaffen (Abbildung 29) und durch die Markierung mit der eigenen Kaffeetasse einen territorialen Übergriff einzuleiten, bleibt nicht ohne Folgen. Der Kunde preßt sich in seinen Stuhl, und seine gesamte innere Anspannung wird körperlich deutlich (Abbildung 30). „Was fällt dem denn ein, seine Markierungen in meinem Territorium zu plazieren – ebenso wird er mich überrumpeln und seine eigenen Vorteile suchen!"

Die absolute Bedrohung im archaischen Bereich begeht dann der Anbieter, indem er dem Kunden nun vollends zu Leibe rückt (Abbildung 31). Die Aufmerksamkeit des Kunden, ausgedrückt durch seinen Blick, liegt jetzt nur noch beim Verkäufer, nicht mehr beim Produkt. Hier gibt es eine persönliche Beziehungskrise, eingeleitet durch das nicht erlaubte Zunahetreten und Eindringen in den privaten Raum des Kunden. Dem Kunden können so nur körperliche und verbale Ausflüchte bleiben, um sich aus dieser Bedrohungssituation zu befreien.

Wenn Sie nun denken, ich bin ja kein Anbieter und habe keine Produkte zu verkaufen, also geht mich das nichts an und kann mir nicht passieren – Achtung! Jedes Argument, jede Idee oder jeder Gedanke zu Hinweisen und Tips, der formuliert wird, muß zum Gesprächspartner hinüber „gebracht" werden. Ob die Eltern mit ihren Kindern sprechen, Nachbarn oder Fremde miteinander, wenn dem Lebenspartner etwas vermittelt werden soll: Überall haben wir die gleiche Situation wie der Anbieter in unserem Beispiel. Letzlich sind wir alle Anbieter und wollen unser Produkt verkaufen – was auch immer es sei. Territorien gehen uns alle an, und solange es im Kleinen (im Häuslichen und Zwischenmenschlichen) Mißachtungen und Streitigkeiten gibt, wird es diese auch im Großen geben. Bemühen wir uns jeder um Respekt und erzeugen damit ein Stück Frieden auf dieser Erde!

Abbildung 26: Der Verkäufer respektiert das Territorium des Kunden.

Abbildungen 27-31: Massiver Eingriff ins Territorium des Kunden, dem bleiben nur körperliche und verbale Flucht, um sich zu befreien.

III. Ausgewählte Kommunikations-situationen

1. Führungsverhalten

Erwarten Sie bitte in diesem Kapitel keine Rezepte für gutes Führungs-verhalten! Das Thema ist äußerst komplex und in der Literatur ausführlichst beschrieben. Hier sollen Ihnen ein paar Auffälligkeiten gezeigt werden, die Ihnen Schwierigkeiten bei Ihrer Führungsaufgabe bereiten können (vgl. Kapitel „Haltung", Führungsköpfe). Non-verbales Verhalten und territoriales Signale spielen dabei eine besondere Rolle.

Entgegenkommen und Empfang

Abbildung 32 (Seite 86): Welch angenehmes Gefühl für einen Mitarbeiter, von seinem Chef herzlichst empfangen zu werden. Der Vorgesetzte kommt dem Gast entgegen und zeigt offene Bereitschaft zur Kommunikation auf gleicher Ebene, ausgedrückt durch die räumliche Näherung, die ausgestreckte Hand und das Lächeln. Dieses Gespräch läuft entsprechend *entgegenkommend* und persönlich.

Anders dagegen die Situation in den Abbildungen 33 bis 37: Das Signal des Vorgesetzten zeigt Zurückhaltung, ausgedrückt durch die unbewegliche Standhaltung vor seinem Stuhl und die gefalteten Hände auf dem Rücken. Hier legt jemand Wert auf die offizielle Position. Der beflissene Mitarbeiter ignoriert dieses Signal und agiert in seinem Verhaltensmuster der Konvention entsprechend. Dadurch zwingt er dem Chef die Handreichung auf: Zwar mißachtet der Mitarbeiter die Signale des Chefs, die dieser mit seiner nur zögerlichen Handbewegung und seinem Blick, der über den Mitarbeiter hinweggeht, beantwortet, muß aber diese Demütigung sein? Wer seine Position nur durch solch herausstellendes und überhebliches Verhalten beweisen kann, hat sie nicht verinnerlicht.

Was wir sind, brauchen wir durch nichts zu beweisen und erst recht nicht durch herausstellendes verbales oder non-verbales Verhalten dem anderen demonstrieren. Bei unserem Beispiel bleibt dem Mitarbeiter nur die Möglichkeit, sich wiederum in die Unterwerfung zu begeben, was er durch die viel zu tiefe Verbeugung ausdrückt. Der Chef nimmt dieses Signal an, indem er nun eine angemessene Begrüßung folgen läßt – und schon versucht der Mitarbeiter wieder *Ober*hand zu gewinnen, indem er scheinbar feundschaftlich den Unterarm des Chefs berührt: eine absolute territoriale Verletzung der Körperzone und eine Kampfansage! Die Re-Aktion des Vorgesetzten ist zwar verständlich – er weicht im Oberkörper zurück, und sein Blick wird drohend und strafend –, aber souverän verhält er sich sicher nicht! Bestimmt kein guter Start für die folgenden Gespräche.

Bei einer bewußten Führung ist man sich seiner Handlungen bewußt und hätte auf ein solch anfängliches Signal verzichtet. Der Teufelskreis beginnt mit der ersten Aktion. Und die sollte von der Führungsperson besonders bewußt gemacht werden. Denn wir bekommen immer den Respekt zurück, den wir anderen gegeben haben.

Hierarchische Signale und Gesprächsführung

Wissen Sie, was Ihr Schreibtisch Ihrem Gesprächspartner alles verrät? Aber nicht nur andere, sondern Sie selbst können sich dabei genauer kenenlernen.

In der Abbildung 38 haben wir es mit einem Verkünder zu tun. Der absolut aufgeräumte Schreibtisch zeigt, daß hier Entscheidungen getroffen werden/worden sind. Die Sacharbeit hat jemand anders gemacht oder muß sie machen. Der Verkünder liebt es, selber zu reden, statt reden zu lassen, und seine Entscheidungen sollen bitte nur abgefragt werden. Sollte dies der Mitarbeiter nicht tun, sondern seine Ideen zuerst vorbringen, mißachtet er die Chef-Stellung, und dieser wird sich kraft seiner Position rächen.

Liegen dagegen die für das Gespräch benötigten Unterlagen bereits auf dem Tisch, möchte sich die Führungsperson sofort auf die Sache konzentrieren. Jeder Versuch, auch andere Themen – und damit andere geistige Territorien – anzusprechen, würden dem Streben dieses Chefs widerstreben ... (Abbildung 29).

Befinden sich auf Ihrem Schreibtisch ungeordnet diverse Unterlagen und Utensilien, neigen Sie eher zu geistig sprunghaft operierenden Führungsverhalten. Die Gesprächsthemen sowie die Stimmung kann von herzlichem Lachen sofort in skeptische Betroffenheit bei der kleinsten Störung, etwa durch das Besetzen des Territoriums durch die Hand und die Unterlagen des Verkäufers, umschlagen. Die Entscheidungs*findung* wird davon abhängen, wie aus dem Chaos etwas gefunden werden kann (Abbildung 40). Ein wohlwollender und vielleicht ähnlich strukturierter Mitarbeiter stellt sich gelassen auf ein turbulentes und wahrscheinlich längeres Gespräch ein. Kann aber jeder der Mitarbeiter dieses Verhalten als Andersartigkeit respektieren, ohne Sie zu bewerten? Gibt er damit auch auf der Sachebene zu verstehen, daß er Verständnis für Sie hat? Zumindest sollte aus einem Verhalten, das sich an dieser Art Gesprächsführung stößt und nicht adäquat darstellt, kein Vorwurf an den Mitarbeiter ergehen. Diese Projektion hätte weitreichende Konsequenzen.

Es lohnt sich daher, sich sein eigenes Verhalten, geäußert in der Gestaltung der sichtbaren Handlungsebene (Schreibtisch), bewußt zu machen und auch einmal die Gewohnheiten der Mitarbeiter in dieser Beziehung zu studieren. Gegensätzliches wird sich immer auch in Gegensätzen bei der Erörterung von Sachthemen wiederfinden lassen. Unverständnis und Ablehnung sind immer eine Erscheinung der im Inneren abgelehnten eigenen Strukturen, die dann einen Schreibtisch in der gewünschten Form erscheinen lassen. Wer bewußt mit solchen Zeichen umgeht, kann integrieren statt ausschließen.

Respekt, den wir anderen zollen für ihre Territorien, ihre Gebietsmarkierungen und hierachischen Signale, bewirkt, daß wir als Vorgesetzter Respekt für unsere Ideen, die Anordnungen, unser Fachwissen und unsere Person zurückbekommen. Nur so können wir uns auf der Sachebene ohne Kampf nähern und *miteinander* einen für beide Seiten befriedigenden Gesprächssabschluß herbeiführen.

Abbildung 32: Optimaler Empfang des Mitarbeiters durch den Chef.

Abbildung 33: Die unbewegliche Haltung des Chefs zeigt Zurückhaltung.

Abbildung 34: Der beflissene Mitarbeiter ignoriert die Abwehrstellung und bietet die Hand. Der Chef blickt über ihn hinweg.

Abbildung 35: Der Mitarbeiter gibt sich in die Unterwerfung und verbeugt sich zu tief.

Abbildung 36: Der Chef akzeptiert und läßt eine angemessene Begrüßung folgen.

Abbildung 37: Der Mitarbeiter versucht die *Ober*hand zu gewinnen – der Chef reagiert mit drohendem und strafendem Blick.

Abbildung 38: Der Schreibtisch verkündet: Hier werden nur noch Entscheidungen getroffen. Die Sacharbeit erledigen andere.

Abbildung 39: Die Unterlagen liegen bereits auf dem Tisch. Jede Abweichung vom Thema ist unerwünscht.

Abbildung 40: Die Entscheidung hängt davon ab, wie aus dem Chaos Tisch etwas gefunden werden kann.

2. Verkaufssituation

Die non-verbalen Tücken im Verkaufsgespräch

Die seelisch-geistige Ebene und das damit verbundene Gefühl zählt bei jedem menschlichen Kontakt. Nicht nur das, was wir sagen, und was wir an Fakten zu bieten haben, entscheidet über Erfolg oder Mißerfolg. Auch wie wir uns ansehen, ob wir mit der rechten oder linken Hand gestikulieren, ob unsere Handfläche geöffnet ist, wie wir die Beine stellen – all das zählt. Die folgenden Bilder zeigen Ihnen Situationen aus einem Verkaufsgespräch – von der Begrüßung bis zum Abschluß. Die Bilder sind Ihnen bekannt. Sind sie Ihnen auch bewußt? Machen Sie sich mit den dargestellten Situationen vertraut, vollziehen Sie sie nach. Ganz bestimmt lassen beim nächsten Verkaufsgespräch Ihre bewußte Haltung und Reaktion das sprichwörtliche Zünglein an der Waage zu Ihren Gunsten ausschlagen.

Der persönliche Termin findet in den Räumen des Kunden statt. Das Begrüßungsritual ist vorüber, der Platz vor dem Schreibtisch wurde zugewiesen. Kein Wunder, wenn der Verkäufer kein gutes Gefühl hat, stellt doch der Schreibtisch eine starke Barriere zu ihm persönlich und wahrscheinlich geistig auch zu seinem Produkt dar. Unbewußt reagiert er daher mit einer unfreundlichen Miene, und beim Heraussuchen der Unterlagen unterbricht er den Blickkontakt zum Kunden, indem er sich abwendet und sich nur auf seinen Koffer konzentriert.

Schade, denn dieses Nicht-Respektieren hat bereits Folgen, die der Verkäufer nicht wahrnimmt: der Kunde mißtraut dem Geschehen vor seinem Schreibtisch, zeigt durch seinen Zeigefinger und den Stift: „Ich weiß es sowieso besser." Auch die Gefühlshand (links) zeigt diese Tendenz. Sicher keine gute Ausgangslage für ein harmonisches Verkaufsgespräch (Abbildung 41, Seite 93).

Der Koffer als Rache

Nicht genug damit: Jetzt ignoriert unser Verkäufer den Kunden in dramatischer Weise: Er stellt seinen Koffer auf die Knie (Abbildung 42), öffnet ihn und stellt damit seinerseits eine Bariere für den Kunden auf! Die Rache für die Schreibtischbarriere ist vollzogen. Der Kunde kann nur mit Mißtrauen und Argwohn reagieren: „Was hat er noch in petto, was er mir nicht zeigen will ...? Gibt es noch ein günstigeres Angebot?"

Immer noch besteht kein Blickkontakt, und der Kunde wird damit zum Nicht-Menschen gemacht. Die Gefühlsqualität heißt hier Mißachtung und fehlender Respekt. Jedes Wort über das Angebot ist vergeudet, denn der Kunde zeigt ganz deutlich durch seinen erhobenen Ersatzzeigefinger, den Stift: „Achtung, ich will endlich etwas über das Angebot wissen!" (Abbildung 43).

Anbieten heißt nicht Besserwissen

Endlich rückt der Verkäufer sein Angebot heraus und will es dem Kunden geben (Abbildung 44). Leider begeht er non-verbal hier bereits die nächsten Fehler: ohne Erlaubnis über einen freundlichen Blick besetzt er das Territorium des Kunden mit seinem Angebot und legt es auf den Schreibtisch. Der Kunde würdigt es nicht einmal eines Blickes! Außerdem rächt sich der Verkäufer seinerseits mit seinem „Besserwisserfinger": Er zeigt, was er weiß und daß sein Angebot natürlich ohne Zweifel das beste ist (Abbildung 45).

Durch die verdeckte Hand und die ausgeführte Dominanz kann der Kunde inhaltlich gar nicht auf das Angebot eingehen. Der Kunde fühlt sich dominiert, und das Verbergen von wichtigen Informationen schafft keine Vertrauensbasis. Der erhobene Kopf als Drohgebärde mit der non-verbalen Aussage, „Ich fühle mich dir überlegen, du kannst mir nicht schaden", zeigt die Reaktion des Kunden auf die Dominanz der Verkäufers. Dieser ist jedoch nur auf die sprachliche Ebene fixiert und übersieht dieses Signal, da er immer noch keinen Blickkontakt herstellt – „Was ich nicht sehe, kann mich nicht aus dem Konzept bringen ..." (Abbildung 46).

Willkommen für Produkt und Person

Hier ist die Freude groß: eine offene Sitzgruppe und ein entgegenkommendes Begrüßungsverhalten läßt wohl jeden Verkäufer strahlen (Abbildung 47). Und dann auch noch die offenen Hände mit ausgestreckten Armen vom Kunden – eine halbe Umarmung wird hier ausgedrückt und beweist: Sie sind mir willkommen, ich lasse mich ohne Vorbehalte auf Sie und Ihr Produkt ein (Abbildung 48).

Partnerschaft beim Sitzen

Der geistige Schulterschluß muß zwar noch erarbeitet werden, aber bei dieser zugewandten Überecksitzposition mit entsprechend offener Beinhaltung und beidseitiger Erdung der Standpunkte der Gesprächspartner sollte dies nicht mehr schwerfallen (Abbildung 49).

Selbst wenn die folgenden Aussagen sprachlicher Art den Kunden zunächst in Erstaunen versetzten (Abbildung 50), kommt es sofort durch die offene Angebotshand, die nichts zu verbergen hat, zur erneuten Synchronität und damit zum Einklang im Gespräch. Und die findet auch auf der geistigen Ebene statt, hier die Angebotsebene (Abbildung 51).

Störungen sind gutzumachen

Der Verkäufer greift zum Koffer, um sein Angebot durch Unterlagen „begreifbar" zu machen. Er hält den Blickkontakt, und der Kunde zeigt mimisch seine Neugier und Spannung auf weiteres (Abbildung 52).

Auch hier wird der Koffer als Barriere eingesetzt. Der Kunde wendet sich durch das Überschlagen des rechten Beines und dem Schwerpunkt auf dem emotionalen Bein nur noch der emotionalen Ebene zu und ist bereit, auf der rationalen Seite Gegenargumente vorzubringen (Fußspitze zum Tritt bereit). Der Kopf ist erhoben und fragt: „Na, was verbirgst du?" Der Verkäufer respektiert den Kunden jedoch weiterhin und verhindert ein Kippen der harmonisch aufgebauten Gesprächssituation (Abbildung 53).

Nun muß der Anbieter Bewegung ins Spiel bringen, um den bisher positiven Auftakt und Kontakt weiter voranzubringen – es soll weiter*gehen!*

Äußere Bewegung heißt geistige Bewegung

Die Oberkörper bewegen sich aufeinander zu, *Zuneigung* und *Zuwendung* erfolgen. Das Angebot wird mit der offenen Hand gereicht, und der Kunde begreift und nimmt es an – was auf der geistigen Ebene eben erreicht werden sollte (Abbildung 54).

Kunde und Verkäufer begeben sich partnerschaftlich auf die Sachebene, der Kunde traut der Person und dem Produkt; denn die Hinweise auf besondere Punkte des Angebots erfolgen mit der offenen Hand, die Sensibilität, Offenheit und Verletzbarkeit ausdrückt. Hier kann eigentlich kaum ein Mensch ablehnen ... (Abbildung 55).

Aus dieser Gefühlssituation hat dann auch ein hervorkommender „Besserwisserfinger" keine Störung der Beziehung zur Folge (Abbildung 56).

Selbstverständliche Folge ist der Erfolg

Folgen kann aus dieser harmonischen Beziehung der beiden Menschen zueinander dann nur der Abschluß – Bedarf und Entscheidungsfähigkeit beim Kunden vorausgesetzt –, hier in Form einer Unterschrift. Sie braucht nicht mehr verbal vorbereitet zu werden, sondern der Vollzug wird selbständig vom Kunden vorgenommen (Abbildung 57).

Über Offenheit der Sitzhaltung, der Hände (Handlungen) und des partnerschaftlichen Miteinanders ergibt sich eine Übereinstimmung auf der emotionalen Ebene, die, wenn es keine tiefgreifenden Widersprüche der Ansichten gibt, auch in der Sachebene wiederzufinden sein wird. Wo das Gefühl stimmt, wird auch das richtige er*folgen* ...

Abschluß und weg?

Leider wird nach erfolgtem Vertragsabschluß allzuschnell das gerade aufgebaute Miteinander zerstört und damit mißbraucht. Da wir uns im non-verbalen Ausdrucksbereich hauptsächlich auf der Gefühlsebene befinden und diese ausschlaggebend für die rationalen Entscheidungen ist, sollte nach erfolgtem rationalen Ergebnis die Gefühlsebene nicht abrupt unterbrochen werden. Emotionaler Muskelkater oder das Gefühl von „Ex und Hopp" würde sich schnell unbewußt festsetzen. Sicher wollen Sie mit einem guten Gefühl diesen Kunden bei weiteren Geschäften gerne wieder besuchen. Und dieser erinnert sich an die letzten Gefühle, die er zu Ihnen hatte ...

Schauen Sie sich die nächsten Bilder einmal genau an, und trainieren Sie dabei Ihr Auge für die non-verbalen Signale.

Abbildung 41: Der Verkäufer ignoriert den Kunden völlig. Mit dem Koffer stellt er seinerseits eine Barriere für den Kunden auf! Die Rache für die Schreibtischbarriere ist vollzogen.

Abbildung 42: Der Kunde reagiert mit Argwohn: „Was hat er noch in petto, was er mir nicht zeigen will?"

Abbildung 43: Ohne Blickkontakt ist jedes Wort über das Angebot (es ist immer noch beim Verkäufer!) vergeudet. Der Kunde zeigt durch seinen erhobenen Ersatzzeigefinger, den Stift: „Achtung, ich will endlich etwas über das Angebot wissen!"

Abbildung 44: Ohne freundlichen Blick will der Verkäufer das Angebot auf den Schreibtisch legen. Der Kunde bleibt mißtrauisch mit seinem Blick beim Verkäufer.

Abbildung 45: Der Verkäufer dominiert mit seinem „Besserwisserfinger". Er zeigt, was er weiß, verdeckt aber zugleich das Angebot. Der Kunde fühlt sich dominiert und dumm. So läßt sich keine Vertrauensbasis finden.

Abbildung 46: Der erhobene Kopf des Kunden sagt: „Ich fühle mich dir überlegen, du kannst mir nichts vormachen" – die Reaktion, die folgen muß!

Abbildung 47: Hier ist die Freunde groß: Eine offene Sitzgruppe und entgegenkommendes Begrüßungsverhalten läßt beide strahlen.

Abbildung 48: Offene Hände mit ausgestreckten Armen vom Kunden – eine halbe Umarmung: Sie sind mir willkommen, ich lasse mich auf Sie und Ihr Produkt gerne ein!

Abbildung 49: Partnerschaft beim Sitzen.

Abbildungen 50 und 51: Selbst wenn Ihre Fakten den Kunden in Erstaunen versetzten, kommt es sofort durch die offene Beinhaltung, die der Kunde unbewußt mitmacht, und die offene Angebotshand, die nichts zu verbergen hat, zur erneuten Synchronität und damit zum Einklang im Gespräch.

Abbildung 52: Der Verkäufer greift zum Koffer, um sein Angebot durch Unterlagen „begreifbar" zu machen. Er hält dabei den Blickkontakt. Der Kunde zeigt mimisch Neugier auf Weiteres.

Abbildung 53: Aber: Auch hier der Koffer als Barriere, der Kunde geht durch Heben des Kopfes und Überschlagen des rechten Beines in eine Blockadestellung. Ein mögliches Gegenargument ist schon vorprogrammiert! Der Verkäufer hält jedoch den Blickkontakt.

Abbildung 54: Die Oberkörper bewegen sich aufeinander zu, Zuneigung und Zuwendung erfolgen außen wie innen. Das Angebot wird mit der offenen Hand gereicht, und der Kunde begreift und nimmt es an.

Abbildung 55: Der Kunde traut der Person und dem Produkt: gemeinsame Hinwendung, Schulterschluß und offene Hand – hier fällt eine Ablehnung schon schwer.

Abbildung 56: Aus dieser Situation hat dann auch ein hervorkommender „Besserwisserfinger" keine Störung der Beziehung zur Folge.

Abbildung 57: Folge aus dieser harmonischen Situation – der Abschluß, hier in Form der Unterschrift. Ohne große verbale Vorbereitung wird der Vollzug selbständig vom Kunden vorgenommen.

Abbildungen 58 und 59: Der Verkäufer schafft auch nach dem Abschluß weiterhin Synchronität in Bewegung, beantwortet die angebotenen mimischen und gestischen Signale gleich, bleibt offen und zugewandt.

Abbildung 60: Auch in der Aufbruchstimmung ist es äußerst wichtig, den Blickkontakt nicht zu verlieren und Gleichklang beizubehalten. Der letzte Eindruck ist der bleibende!

Abbildungen 61 und 62: Der Verkäufer bleibt auch bei der Verabschiedung auf der gleichen Ebene zum Kunden, erhält dafür sogar eine sehr freundliche Halbumarmung als echte Anerkennung. Das Verabschiedungsritual zeigt, daß diese beiden Herren sich gar nicht so recht trennen wollen.

3. Erste Kontaktaufnahme: Begrüßung, erster Eindruck, Gefühle

Begegnungen beginnen im ersten Augen*blick*

Ihr Gespräch beginnt, und es entscheidet sich lange vor den eigentlichen gesprochenen Worten. Um ein Ziel zu erreichen, müssen Sie mit dem Gesprächspartner Kontakt aufnehmen. Kon*takt* heißt: Berührung, Verbindung herstellen und „im gleichen Takt sein". Der erste Augen*blick* und die folgenden Minuten entscheiden über die Art Ihrer Verbindung zum Gegenüber. Sympathie oder Antipathie, Gleichklang oder Mißverständnis entstehen. Ein bewußter Mensch kennt daher seine ersten Signale und versteht, auf die des anderen einzugehen. Er stellt die gleiche Ebene zum Gesprächspartner her.

Gleiche Ebene

Wenn Menschen sich treffen, gilt es, gleiche Ziele zu finden. Dabei spielt die Ausgangslage beider Persönlichkeiten eine wesentliche Rolle. Noch bevor die Lage über sprachlichen Austausch geklärt werden kann, haben beide Personen bereits eine Menge an Informationen ausgetauscht, die über die körperliche und räumliche Ebene gesendet und empfangen werden. Stimmen diese Informationen auf beiden Seiten überein, kann auch in der verbalen Ebene Übereinstimmung erreicht werden. Gibt es jedoch widersprüchliche Signale, die naturgemäß zu Unsicherheiten und damit Distanz und Ablehnung führen, kann auch mit Worten nur schwer Vertrauen geschaffen werden.

Für den ersten Eindruck gibt es keine zweite Chance ...

Jeder kennt diesen alten und doch so wahren Satz. Kennen Sie Ihre Wirkung beim ersten Kontakt, beispielsweise bei der Begrüßung? Wissen Sie, welchen Standpunkt Sie vertreten, was ihre Haltung, der Armabstand, der Druck der Hände oder Ihr Augenausdruck alles über Sie und Ihre Befindlichkeit aussagen? Unbewußt nimmt Ihr Gegenüber diese Informationen auf und wertet nach seinen Mustern Ihre Person.

Angemessene Begrüßung

Bei einer angemessenen und somit souveränen Begrüßung mit Handschlag stehen beide Partner fest auf beiden Beinen, nehmen damit einen sicheren Standpunkt ein; sie begegnen sich zur Handberührung mit jeweils halber Armlänge. Damit befinden sich beide im „Kampfbereich", da der ausgestreckte Arm mit einer möglichen Faust das Gesicht des anderen treffen kann (Abbildungen 63 und 64, Seite 104).

Bei sprachlichen Attacken sprechen wir dann vom Schlag ins Gesicht. Die Oberkörper sind in der Senkrechten, stellen sich dem Austausch, der Händedruck ist gleichwertig und läßt Berührung zu, ohne den anderen in den Griff zu nehmen und damit zu erdrücken. Die Gesichter zeigen zueinander, und ein leichtes Lächeln sagt: „Ich stelle mich der Konfrontation, komme aber in freundlicher Absicht" (Abbildung 63).

Worte wirken auf die Reaktion unseres Körpers analog zu den rein körperlichen Vorgängen; schauen wir uns daher die körperlichen Aktionen an, können wir auf die sprachlichen, gedanklichen und emotionalen Vorgänge schließen.

Das Schlabberhändchen

Ein Begrüßungsritual ist gleichzeitig ein entsprechendes Kommunikationssignal: Sie kennen das Gefühl, wenn ihnen jemand das „Schlabberhändchen" reicht. Körpersprachlich betrachtet, findet hier eine Irritation durch zwei sehr widersprüchliche Signale statt: Zum einen tritt diese Person in den Nahbereich zu Ihnen (Abstand halbe Armlänge), zum anderen entzieht sie sich dem Austausch von Informationen und will keinen Kontakt (kein Hand-/Hautkontakt mit vielfältigem, subtilem Informationsgehalt, sondern Rückzug).

Hier versucht jemand, dem gesellschaftlichen Ritual und dem damit verbundenen Abstand zu entsprechen, hat aber das Bestreben, größere Distanz zu Menschen herzustellen. Unbewußt reagieren wir darauf mit Ablehnung und unangenehmen Gefühlen dieser Person gegenüber. Damit bestätigen wir möglicherweise durch unser Verhalten die Angst dieser Person: „Mit mir will keiner etwas näher zu tun haben, Menschen meiden mich." Ein Mensch, der bewußt mit diesen Signalen umgeht, weiß, daß er agieren kann. Er respektiert die Aussage, „Ich will Abstand und nicht zuviel Nähe", indem er nach der Begrüßung körperlich auf Abstand geht und auch sprachlich eine vorsichtige Näherung herbeiführt. Durch diesen Respekt wird sich der andere Mensch verstanden fühlen – und eher Vertrauen zum Gegenüber aufbauen.

Haltung des Oberkörpers

Beachten Sie bei der nächsten Begrüßung Ihre eigene Oberkörperhaltung: Beugen Sie sich in Richtung des Gegenübers, kommen Sie ihm also näher, als es angemessen ist? Hier signalisieren Sie, daß Sie das Gespräch führen wollen, indem Sie den anderen bedrängen und in seinen Schutzbereich eindringen.

Aus Ihrer inneren Einstellung sicher verständlich, denn wer möchte nicht der Führende sein, der seine Ziele durchsetzt? Aber Ihr Gesprächspartner wird auf dieses Signal bereits non-verbal antworten, und diese Haltung finden Sie auch in dem Gespräch wieder: Weicht er im Oberkörper zurück, gibt er Ihnen somit das Territorium frei, dann wird er auch im Gespräch ausweichen, und Sie haben es schwer, seine *Stellungnahme* zu erreichen. Kommt er Ihnen aber mit dem Oberkörper entgegen, dann können sie sich auf einen verbalen Kampf einstellen, der von Widerspruch, Angriffen oder Konfrontation gekennzeichnet sein wird.

Um körpersprachliche Informationen richtig einordnen zu können, muß man sie im Zusammenhang sehen. Wer gibt welchen Reiz in welcher sprachlichen Situation, und wer beantwortet ihn? Wenn Sie demnach Ihre Reize kennen, die Sie beispielsweise bei einer ersten Begegnung aussenden, dann können Sie ausmachen, ob und wann Ihr Gegenüber reagiert oder agiert. Auf alle Aktionen können Sie dann entweder unbewußt reagieren oder über eigene Aktionen bewußt entscheiden.

Agieren oder Reagieren?

Nehmen wir an, der Gesprächspartner kommt scheinbar uninteressiert oder leicht muffelig auf Sie zu. In Sekundenschnelle ist Ihre bis eben noch vorhandene gute Laune getrübt, und aus den wahrgenommen Signalen funkt ihr Gehirn: „Achtung, der will bestimmt nicht mit mir sprechen, und besonders sympathisch bin ich ihm auch nicht." Aus diesen Gedanken resultiert Ihr negatives Gefühl. Schon hat sich Ihr eben noch vorhandenes, leichtes Lächeln verzogen, und ihre Mundwinkel zeigen tendenziell nach unten: Sie machen das Sauergesicht! Natürlich haben Sie jetzt die gleiche Ebene zu ihrem Gegenüber, aber ein freudvolles, erfolgreiches Gespräch läßt sich jetzt nicht führen. Außerdem werden Sie durch Ihre äußere und innere Haltung die Prophezeiung erfüllen: „Der will ja doch nicht ..."

Gefühle ehrlich zeigen

Wenn Sie sich aber entschließen, das Signal des Partners aufzunehmen und bewußt zu denken: „Dieser Mensch hat zur Zeit negative Gedanken und fühlt sich nicht sehr wohl", dann beschreiben Sie das, was Sie sehen, ohne es auf sich zu beziehen und falsch zu werten. Dadurch können Sie entscheiden, daß Sie weiterhin mit einem Lächeln auf diesen Menschen zugehen können und damit die Situation bestimmen.

Kein Mensch – nicht einmal Ihr ärgster Feind – kann Ihnen Ihre Stimmung vorgeben! Sie entscheiden immer selbst, wie Sie dem anderen begegnen. Nicht die äußere Situation bestimmt über Ärger oder Freude, sondern Ihre innere Einstellung dazu. Das Außen ist vielleicht eine Herausforderung, aber niemals ein Zwang, diese auch anzunehmen! Trifft Sie etwas von außen an einem wunden Punkt, so zeigt Ihnen dies nur, daß Sie dort eine zu heilende Stelle haben. Wir können Ärgernissen, die andere verursachen, im Grunde sogar dankbar sein; zeigen Sie uns doch nur auf, wo wir selbst noch etwas in den Schatten gedrückt haben.

Ein offenes, freundliches Gesicht mit entsprechender Haltung ist selbst dem muffeligsten Gegenüber auf Dauer unwiderstehlich. Das höhere Energiepotential (Freundlichkeit) fließt immer zum niedrigeren! Daß damit das Gespräch anders startet, können Sie jederzeit leicht ausprobieren.

Lachen heißt die Zähne zeigen

Freundlichkeit zahlt sich immer aus. Und erst recht, wenn Sie dabei die Führung übernehmen und somit agieren. Freundlichkeit heißt jedoch nicht, daß Sie unbedingt den ewigen Smiley spielen müssen. Das würde wieder unnatürlich und aufgesetzt erscheinen und kann auch nicht Ihrer permanenten, inneren Haltung entsprechen. Außerdem signalisiert das Entblößen der Zähne im archaischen, ursprünglichen Bereich, daß sie dem anderen ihre Bissigkeit zeigen. Erst der mit dem Lachen verbundene Augenausdruck läßt dieses Signal entschärfen: „Ich kann dich beißen (Zähne), aber ich werde es nicht tun (Augen)". Wir besitzen einen kleinen Muskel, der verantwortlich für die Mundwinkelstellung ist. Wenn Sie diesen Mundwinkelheber innervieren, erscheint Ihr Gesicht freundlich, und durch eine mit diesem Muskel gekoppelte Augenöffnung sind Sie offen, die Situation mit offenen Augen zu betrachten. Eine Verengung der Augen zieht auch immer die Konzentration auf etwas nach sich und beinhaltet die Aggression. Mit zusammengekniffenen Augen und herunterhängenden Mundwinkeln findet man automatisch das störende Haar in der Suppe. Die bewußte Entscheidung, die Dinge des Lebens offen anzuschauen, läßt Sie nach außen als auch im Inneren positiver den Tag an- und auf Menschen zugehen. Unangenehme Situationen oder Probleme erscheinen uns bei verkniffener Mundstellung und verengten Augenstellungen eben verbissen, verkniffen oder suspekt. Sprache beschreibt Körpersprache – der Körper hat Einfluß auf Denken und Fühlen.

Es gibt Tage, da ist einem nach gar nichts. Man fühlt sich unbehaglich, jedes Gespräch ist eher lästig. Diese Gefühle sind durchaus zulässig. Aber unsere gesellschaftlichen (überholten!) Regeln verbieten den freien Ausdruck dieser Gefühle. Gefühle sind Privatsache und gehören eben nicht in die Öffentlichkeit.

Diese Rechnung haben wir dann jedoch wieder ohne unseren Körper gemacht. Denn der zeigt, wie wir denken und fühlen durch die Mimik (heruntergezogene Mundwinkel, trauriger Blick), unsere Gestik (Zurückhaltung der Arme und Hände, Festhalten der linken, emotionalen Hand oder Faust in der Tasche) und die Haltung (die Schultern hängen herab). Oder der Gang ist schleppend und die Füße wollen sich gar nicht vom Boden lösen. All diese Signale stehen dann im Gegensatz zu unserer Aussage: „Mir geht's gut, ich bin ganz *zufrieden* (spüren Sie mal dieser Wortbedeutung genauer nach!), *eigentlich* kann ich nicht klagen." Warum stehen wir nicht zu unserer Situation, wenn wir sie letztlich doch nicht verstecken können? Wenn Sie ehrlich antworten und damit Ihre Gefühle annehmen, wird es Ihnen besser gehen. Und auch der Gesprächspartner wird Sie für ehrlich halten, wenn sie anschließend auf der Sachebene zum Gespräch kommen. „Verzeihen Sie, wenn ich so ein Gesicht mache, das geht nicht gegen Sie. Ich habe gerade solche Kopfschmerzen." Oder: „Macht Ihnen dieser Föhn auch so zu schaffen? Ich habe richtig Schwierigkeiten, mich zu konzentrieren." So oder ähnlich können Sie sich und ihre Gefühle äußern und vermeiden damit, daß der andere die körpersprachlichen Signale auf sich persönlich als ablehnend bezieht. Für Sie selbst bedeutet dieses Verhalten, daß das unbehagliche Gefühl nachläßt (es wird wieder auf die seelischgeistige Ebene gehoben, und der Körper kann auf die Signalgebung verzichten!) und Sie sich und anderen auf*richtig*er und authentisch erscheinen. Unser Körper lügt nicht. Wer eine Einheit aus Körper und Sprache darstellt, kann überzeugend und souverän wirken, Menschen im Gespräch begegnen und sich in seiner Haut wohlfühlen.

Test zur Selbstbeobachtung

Stellen Sie eine Begrüßungssituation nach, und überprüfen Sie Ihre Signale und deren Bedeutung:

* Welchen Standpunkt vertreten Sie?

* Wie groß ist der Abstand, gemessen an Ihrem ausgestreckten Arm, zum Gegenüber?

* In welchem Winkel steht Ihr Oberkörper zu ihrem Gesprächspartner?

* Welche Intensität hat Ihr Händedruck?

* Welche Kopfhaltung nehmen Sie ein?

* Wie wirkt Ihr Gesichtsausdruck, speziell Ihr Mund und Ihre Augen?

* Fragen Sie Ihr Gegenüber nach seinem spontanen Gesamteindruck Ihres Verhaltens!

Abbildung 63: Eine harmonische Begrüßung als Voraussetzung für ein harmonisches Gespräch: Gleiche Standpunkte, kein Ausweichen aus der Konfrontation, gleiches Entgegenkommen der Arme, Blickkontakt und Lächeln.

Abbildung 64: Kampfbereich Begrüßung: Wird die sprachliche Auseinandersetzung zum „Schlag ins Gesicht?" – Risiko einer jeden Begegnung.

Abbildung 65: Der Mann hinten bevorzugt sein rationales, rechtes Standbein, übt Zurückhaltung der emotionalen, linken Seite (Hand in der Tasche) und hält der Konfrontation der Begegnung nicht stand: ungleiche Voraussetzungen für den weiteren Verlauf dieses Kontakts.

Abbildung 66: Die Gesprächspartner begegnen sich zwar auf der gleichen Ebene, aber die Entfernung der ausgestreckten Arme vom Körper sind auf Distanz. Die Hände zum Kontakt sind offen, aber gespannt, Blickkontakt auf gleicher Höhe mit Erwartungsmimik: „Na, warten wir mal ab, wie es weitergeht!"

104

Abbildung 67: Agieren statt reagieren! Die Entscheidung des Verkäufers heißt: „Ich handle offen, lächele bei meinen Ausführungen und biete meinem Gegenüber meine Stimmung an!"

Abbildung 68: Uninteressierter, muffeliger Gesprächspartner? Der Verkäufer zieht sich diesen Schuh selber an und reagiert ebenso: Blockade ohne Möglichkeit der Näherung, jedes sachbezogene Wort ist Vergeudung.

Abbildung 69: „Danke, mir geht's gut!?" Warum hier nicht die wahren Gefühle äußern, wenn der Körper sie sowieso preisgibt.

4. Familiensituation

Ich möchte Ihnen eine Geschichte erzählen. Sie ist sicher schwarz-weiß, aber so wird die Deutung klarer. Sie handelt von einer guten deutschen Familie: Mutter, Vater und zwei Kinder. Diese wohnen in einem schönen Reihenhaus, so richtig inmitten von lieben Nachbarn.

Bereits der äußere Augenschein zeigt eine Reihe von sonderbaren Markierungen (besonders in Deutschland weit verbreitet). Da gibt es bei unserer Familie eine kleine Hecke, die den Vorgarten exakt vom Gehweg trennt. Der Nachbar hingegen hat sich für einen ebenso kleinen Gartenzaun mit niedrigem Türchen entschieden. Und noch ein anderer macht den Beginn seines Lebensraumes durch eine gespannte Kette, aufgehängt auf mehreren Pfeilern, deutlich. Das Betreten eines dieser Vorgärten, etwa durch einen eleganten Sprung über den Zaun, würde beim Besitzer zu ersten Unmutskundgebungen führen. „Warum meinst du wohl, haben wir eine Gartentür?" (Für Aufgeklärte: Es handelt sich hier eindeutig um einen territorialen Luftangriff, der bestraft werden muß!)

Zurück zu unserer Familie. Im hinteren Garten gibt es alljährlich Unstimmigkeiten mit dem Apfelbaum, oder beser gesagt mit dem Nachbarn. Sind die Äpfel reif, nimmt sich der Nachbar, sonst ein ganz umgänglicher Mensch, doch einfach die Äpfel, die angeblich ihm gehören: nämlich die, die an dem Ast hängen, der in seinen Garten ragt. Unser Familienvater besteht darauf, daß ihm diese Äpfel gehören, schließlich ist ja auch der übrige Baum sein Besitz. Großhirntechnisch ist dies auch sicher eine logische Argumentation. Unser Nachbar denkt jedoch nach dem alten, stammhirnlichen Verfahren: Alles, was sich in meinem Territorium befindet – also auch die Äpfel im Luftraum –, gehört mir! Irgendwie haben beide recht, nur der eine (Gehirn-)Teil kann nicht mit dem anderen reden! Die ortsansässigen Gerichte, die sich übrigens bundesweit und jährlich mit diesen und ähnlich gelagerten Fällen herumplagen müssen, haben beiden Ansichten in höchstrichterlichen Urteilen bereits Recht gegeben! Soweit zum hinteren Garten.

Im Haus selbst spielt sich jeden Tag eine kleine bis mittelgroße Tragödie ab. Der Vater geht morgens zur Arbeit, die Kinder verlassen das Haus, um in den Kindergarten oder die Schule zu gehen. Die gute Hausfrau ist nun allein und kann – endlich – ihren Aufgaben nachgehen. Was sie aufräumen nennt – die Gläser vom Abend in die Küche bringen, Kleidungsstücke wieder auf die zugehörigen Bügel in die dazu passenden Schränke hängen, die Sofakissen richtig plazieren, die Fußabdrücke der Kinder vom Boden in der Diele entfernen etc. –, ist bei näherer Betrachtung folgendes: Die Markierungsgegenstände der einzelnen Lebensraumbewohner werden, nach dem Markierungsvorrecht der Frau, in die einzelnen Kleinstlebensräume gebracht und dort nach ihrem eigenen Sicherheitsgefühl plaziert! Nach vollbrachter Leistung hat unsere Hausfrau ihren Lebensraum Haus und dessen Einzelparzellen wieder einmal völlig unter ihre Kontrolle gebracht, damit den eigenen Lebensraum erweitert und durch die Markierungsvorkehrungen gesichert. Ein wohliges und – für das Stammhirn – äußerst sicheres und beruhigendes Gefühl!

Doch dieses ändert sich ab Mittag zunehmend: da kommen die Kinder wieder nach Hause und hinterlasen bereits am Eingang ihre eigenen Markierungen. Die Schultasche bleibt am Boden liegen, die Mäntel fliegen in die Ecke, und die Schuhe stehen mitten im Raum. Die Reaktion: „Könnt ihr nicht erst einmal ...“. Die Miene der Frau verrät bereits ihre Irritation, kommen diese Störungen doch einem Eingriff in ihren Lebensraum gleich. Bei Tisch dann die ersten territorialen Kämpfe der nächsten Generation. Da werden imaginäre Linien auf dem Tisch gezogen, damit der Nachbar nicht eindringen kann, der Kampf um Gerechtigkeit bei der Verteilung der Kirschen auf dem Pudding laufen auf Hochtouren, und die Ordnung auf und am Tisch – nach archaischem Sicherheitsmuster der Mutter ausgerichtet – verliert immer mehr an seiner Ursprünglichkeit. Aber dann gehen die Kleinen ja spielen ...

Nur allmählich wandern die Markierungen des Kinderzimmers, in Form von Treckern, Legobausteinen oder Puppenwagen vom Kinderzimmer – dem eigentlich zugehörigen Markierungsort – über den Flur in Richtung Wohnzimmer! Da hilft nur noch eines: Rückzug in die Küche (das letzte verbleibende sichere Terrain), und außerdem muß noch ein Kuchen gebacken werden! Solange die Kinder nun in nicht einsehbaren Teilen der Wohnung ihre Gebietsansprüche deutlich machen und zunehmend erweitern, stellt sich wieder Ruhe und Sicherheit ein.

Am Abend kommt unser Vater nach Hause. Auch er hat so eine ganz besondere Art, seinen Lebensraum zu benutzen und läßt – zur Zeit noch unsichtbar für die Frau – seinen Mantel wie immer über der Armlehne des Stuhls liegen, die Schuhe werden vor den Schuhschrank gestellt und die Aktentasche neben den Stuhl. Er öffnet die Küchentür, und während eines netten Begrüßungsgesprächs geht er an den Kühlschrank, holt sich seine wohlverdiente Flasche Bier heraus, öffnet die Schublade, um den Öffner herauszuholen – die Schublade bleibt offen, der Kronkorken liegt auf dem Tisch – und nimmt sich ein Glas aus dem Schrank. Er gießt sich ein, plaudert dabei weiter und: Wohin nur mit der leeren Flasche? Ach, einfach auf den Kühlschrank gestellt und nun ins Wohnzimmer auf den Lieblingsfernsehsessel gesetzt. Aber gerade als er den Türrahmen des Territoriums Küche erreicht, ereilt ihn auch schon der erste Warnschuß: „Kannst du eigentlich nicht gleich die Flasche dahin stellen, wo sie hingehört und die Schublade zumachen, ich stoße mich noch daran und der Kronkorken gehört bittesehr in den Abfall! Und vergiß die Untersetzer auf dem Wohnzimmertisch nicht, ich muß immer die Flecken wegmachen ...". Noch ist nichts Schwerwiegendes passiert, es sei denn, unser Vater antwortet mit: „Was hast du denn? Ist heute irgendetwas passiert?" oder „Laß doch, das mache ich gleich ...". Dann ist die Mißachtung perfekt. Denn statt des nötigen Respekts für ihre Situation – immerhin hat sich der Lebensraum nunmehr vom ganzen Haus auf die Küche reduziert und auch hier werden Übergriffe getätigt – erntet die Frau auch noch großhirngesteuerte, für ihr Stammhirn nicht verständliche Worte. Die Reaktion kann dann nur noch in einer Steigerung der Signale sein. „Und überhaupt, deinen Mantel kannst du in Zukunft auch allein bügeln, wenn du nicht in der Lage bist, ihn auf den Bügel zu hängen ... und die Schuhe gehören in den Schuhschrank ... und außerdem bin ich nicht nur eure Putzfrau ...!" Kommt in diesem Moment auch noch der kleine Sohn, seine Freunde im Schlepptau mit den Spielzeugautos angefahren, werden die Nachbarskinder, mit dem leicht zornig ausgesprochenen Hinweis auf die nahen Essenszeiten nach Hause geschickt und die eigenen Kinder zum Aufräumen in ihr Zimmer verbannt.

Zieht sich der Vater nun mit Unverständnis für die angebliche Gereiztheit seiner Gattin ins Wohnzimmer zurück, stellt die frischen Blumen in der Vase auf der Tischmitte zur Seite, um besser fernsehen zu können, läßt sich im Sessel nieder und greift nach der Fernbedienung, die er natürlich nicht mehr da findet, wo er sie abends markiert hatte, dann kann das Spiel weitergehen. Auf die Frage „Wo bitte ist meine Fernbedienung schon wieder geblieben?" erscheint seine Frau, die, mit Blick auf den Tisch, kontert: „Wenn dir die Blumen nicht gefallen, sag es nur ...", und der (logische?) Streit um die „richtige" Position der Fernbedienung (auf dem Fernseher oder auf dem Beistelltischchen neben dem Sessel) kann beginnen.

Als Kenner der wahren Hintergründe wissen Sie natürlich: Es gibt keinen logischen Platz für eine Fernbedienung, es gibt nur die unterschiedlichen Markierungsverhalten für Gegenstände der verschiedenen Lebensraumbewohner innerhalb der verschiedenen Lebensräume.

Besonders kommt das individuelle Verhalten bei Gemeinschaftsräumen zum Tragen. Der weitverbreite Zahnpastakrieg gehört ebenso dazu wie die leidige Streitfrage um die Klodeckelkämpfe. Kommt dann auch noch die Großmutter zu Besuch, wird das weibliche Markierungsverhalten, besonders in den Kleinstlebensräumen der Kinder, noch auf die Spitze getrieben. Mit dem (vorgeschobenen) Argument: „Was soll denn Oma von uns (gemeint ist natürlich von *mir*) denken, wenn sie so eine Unordnung sieht!" Und schon werden die auf der Erde liegende Kleidungsstücke in den Schrank gepackt, die auf dem Boden liegende Matratze wieder ins Bett verbannt und die ständig durch heruntergezogene Rollos verdunkelten Räume wieder erhellt. Wüßte unsere Hausfrau um das immer entgegengesetzte Markierungsverhalten, besonders pubertierender Kinder, als Ausdruck ihres Markierens des eigenen Lebensraumes (und das muß gegenteilig sein, sonst fällt es nicht auf!), dann würde sie nicht eingreifen, sondern verstehen.

So läuft sie Gefahr, daß ihre Sprößlinge ihrerseits im Wohnzimmer den nötigen Respekt für die dort herrschende Ordnung fehlen lassen. Füße auf dem Tisch, Gläser auf der Erde oder wilde Zeitungsberge am Boden sind dafür leidvolle Quittungen für die arme Hausfrau.

Väter haben in diesem Spiel oft das Nachsehen. Ihnen gehört oft kein wirklich eigener Raum. Früher gab es immerhin noch Arbeits- oder Herrenzimmer. So bleibt dem Herrn im Haus oft nur der Weg in die Garage, in den Keller zum Hobby- oder Bastelraum oder unters Dach, zum Taubenzüchten. Interessant dabei ist, daß oft diejenigen Männer, die zu Hause am wenigsten auf das Markierungsverhalten Einfluß nehmen können, dies besonders im eigenen Büro nachholen. Da muß dann die Sekretärin penibel die Aktenrücken beschriften und die Kaffeetasse exakt am vorgegeben Punkt auf dem Scheibtisch stehen. Und wehe, wenn nicht ...

Die alltäglichen Dramen lassen sich um etliche Episoden erweitern. Hinter jeder steht die gleiche Ursache. Jeder Mensch braucht sein Maß an Raum und ist angewiesen, daß dieser respektiert wird. Als Respektshilfe für die Eindringlinge werden Markierungen in Form von Gegenständen benutzt, die einer bestimmten Ordnung folgen, um zu warnen und abzugrenzen. Fragt ein Eindringling zum Beispiel nach der Erlaubnis, das Telefon zu benutzen, die Schere vom Schreibtisch zu nehmen oder den Pulli auszuleihen, gibt es keine Probleme. Das Fragen heißt respektieren und um Erlaubnis zum Verändern bitten. Damit ist hier kein Feind zu identifizieren, der den Lebensraum und letztlich das eigene Leben bedroht.

Natürlich klingt es komisch, wenn eine Frau ihrem Mann erklärt, daß seine Socken vor dem Wäschkorb ihren Lebensraum bedrohen und sie sich daher unlogischerweise darüber ärgert. Aber es trifft die Ursache, und es führt zu einer möglichen Lösung. Was würden Sie tun, wenn ihre Kinder Ihnen erklären: „Mami, dein sogenanntes Aufräumen und Ordnungmachen bedroht unseren Lebensraum, und wir fühlen uns dadurch in unserer Sicherheit gefährdet!"? Sie lachen – und Humor ist hier die einzige Lösung. Verstehen und Lachen entspannt und läßt gelassen sein. Echte Lösungen lassen sich auch nur so finden.

Literaturverzeichnis

Adler, Alfred: Menschenkenntnis. Frankfurt am Main 1966.

Chatwin, Bruce: Traumpfade. Frankfurt am Main 1992.

Dahlke, Rüdiger: Krankheit als Sprache der Seele. München 1992.

Huter, Carl: Das Psycho-Physiognomische Grundgesetz (Hauptwerk), 1904.

Lowen, Alexander: Der Verrat am Körper. Reinbek bei Hamburg 1982.

Lowen, Alexander: Körperausdruck und Persönlichkeit. München 1988.

Molcho, Samy: Körpersprache als Dialog. München 1988.

Molcho, Samy: Körpersprache. München 1986.

Schulz von Thun, Friedemann: Miteinander reden: Störungen und Klärungen. Reinbek bei Hamburg 1985.

Spinola, Roland; Peschanel, Frank D.: Das Hirn-Dominanz-Instrument (HDI). Speyer 1988.

Waye W. Dyer: Der wunde Punkt. Reinbek bei Hamburg 1991.

Die Autorin

Sabine Mühlisch war von 1969 bis 1978 aktive Leistungssportlerin in Rhythmischer Sportgymnastik. Nach dem Studium an der Sporthochschule Köln mit den Studienschwerpunkten Körper- und Bewegungsbildung sowie Psychologie sammelte sie als Teamleiterin Erfahrung in Verkauf und Telefonmarketing. Seit mehreren Jahren ist sie selbständige Trainerin für Körpersprache und Persönlichkeit.

Auf der Grundlage und in Auseinandersetzung mit der Arbeit von Prof. Samy Molcho entwickelte sie ihre handlungs- und selbsterfahrungsorientierten Trainingsreihen und Seminare, die sie offen und firmenintern durchführt.

An der Fachhochschule Konstanz lehrt sie nonverbale Kommunikation im Rahmen der Ausbildung zum Master of Business Communication (ABC).

Wenn Sie Kontakt mit der Autorin aufnehmen möchten, wenden Sie sich bitte an:
Sabine Mühlisch
S.E.S.
Voigtelstr. 3
50933 Köln
Telefon/Fax (02 21) 4 99 45 16